슬기로운 파이썬 트릭
Python Tricks The Book

슬기로운 파이썬 트릭

초판 1쇄 발행 2019년 1월 29일 **지은이** 댄 베이더 **옮긴이** 전석환 **펴낸이** 한기성 **펴낸곳** 인사이트 **편집** 송우일 **제작·관리** 박미경 **표지출력** 소다미디어 **본문출력** 현문인쇄 **용지** 월드페이퍼 **인쇄** 현문인쇄 **후가공** 이지앤비 **제본** 자현제책 **등록번호** 제10-2313호 **등록일자** 2002년 2월 19일 **주소** 서울시 마포구 잔다리로 119 석우빌딩 3층 **전화** 02-322-5143 **팩스** 02-3143-5579 **블로그** http://blog.insightbook.co.kr **이메일** insight@insightbook.co.kr **ISBN** 978-89-6626-234-2 책값은 뒤표지에 있습니다. 잘못 만들어진 책은 바꾸어 드립니다. 이 책의 정오표는 http://insightbook.co.kr/에서 확인하실 수 있습니다. 이 도서의 국립중앙도서관 출판예정도서목록(CIP)은 서지정보유통지원시스템 홈페이지(http://seoji.nl.go.kr)와 국가자료공동목록시스템(http://www.nl.go.kr/kolisnet)에서 이용하실 수 있습니다.(CIP제어번호: CIP2018036222)

프로그래밍인사이트

슬기로운 파이썬 트릭

짧고 흥미로운 코드로 배우는 파이썬 실용 코딩

댄 베이더 지음 | 전석환 옮김

안사이트
insight

차례

옮긴이의 글

출판사의 제안을 받기도 했지만 이 책을 번역한 계기는 평소 파이썬에 대한 애정 때문이었다. 회사에서 그리고 개인적으로 파이썬을 개발 언어로 사용한 지 벌써 10년이 넘었다. 대학원 유학 시절 처음 파이썬 2.4를 접한 후 교내 가상현실(virtual reality, VR)을 다루는 스튜디오에서 예술 프로젝트의 연구 조교로 일할 때도 파이썬을 사용했다. 한국에 돌아와서는 파이썬 기반 웹 프레임워크인 플라스크(Flask)를 활용해 다수의 상업용 웹 사이트를 만들었고 각종 백엔드 프로젝트에도 파이썬을 두루 적용했다. 물론 취미로 하는 코딩에서도 파이썬은 좋은 도구가 되고 있다.

이 책은 파이썬 프로그래밍에 도움이 될 만한 유용한 비법을 안내해 준다. 파이썬이 쉽게 익히고 사용하기 좋은 프로그래밍 언어이기는 하지만 파이썬다운 코드를 작성하는 데는 많은 수고가 필요하다. 그리고 이 책이 그 수고를 더는 데 도움이 된다고 생각한다.

지은이는 시행착오를 겪으며 익힌 경험을 바탕으로 이 책을 통해 파이썬 프로그래머가 좀 더 파이썬다운 코드를 작성하도록 돕는다. 그리고 실용적인 토막 코드 예제는 업무에 바로 사용할 수 있을 정도다.

2장의 문자열 형식 처리에 관한 간단한 방법부터 3장의 람다와 데코레이터 같은 파이썬의 고급 기능까지 그동안 몰랐거나 알았지만 쉽게 써 볼 수 없었던 파이썬의 좋은 기능을 이 책에 전부 담아 놓았다. 나 역시 평소 제대로 이해하지 못했던 것을 발견하고 번역을 하는 동안 예제를 실행해 보며 배우고 익히기도 했다.

끝으로 번역에 신경 쓴 부분은 구어체와 농담 같은 표현이었고 용어는 최대한 쉽게 이해할 수 있도록 옮기려고 했다. 작업하는 동안 꼼꼼하게 읽어 주신 인사이트 출판사 편집 팀에 감사드린다. 파이썬 프로그래머들이 이 책을 통해 많은 것을 얻어 가길 바란다.

추천사

파이썬이라는 프로그래밍 언어를 알게 된 지 거의 10년이 지났다. 파이썬을 처음 배울 당시에는 약간 내키지 않았다. 다른 언어로 프로그래밍을 하다가 갑작스런 개발 업무가 생겨 팀 전체가 파이썬을 사용하는 곳에 배치됐기 때문이다. 그것이 내 파이썬 여행의 시작이었다.

파이썬을 처음 소개받았을 때 파이썬은 쉬워서 금방 배울 수 있을 거라는 이야기를 들었다. 동료에게 파이썬을 공부하기 위한 자료를 요청했을 때 내가 받은 건 파이썬 공식 문서 링크뿐이었다. 문서를 읽는데 처음에는 혼란스러웠다. 그리고 익숙하게 찾아보기까지 오래 걸렸다. 스택오버플로에서 답을 구해야 하는 경우도 종종 있었다.

다른 프로그래밍 언어를 써 왔기 때문에 프로그래밍을 하는 방법이나 클래스와 객체의 개념을 배우는 데 필요한 자료는 찾지 않았다. 대신 여타 언어로 코드를 작성하는 것과 다른, 파이썬 설정과 작성 방법 같은 파이썬의 특징을 알 수 있는 특별한 자료를 찾았다.

이 언어를 완전히 이해하기까지 몇 년이 걸렸다. 나는 댄의 책을 읽으면서 파이썬을 배울 때 이런 책을 읽었으면 좋았겠다고 생각했다.

예를 들어 파이썬의 독특한 특징 중 하나인 리스트 내포식이 나를 놀라게 했다. 댄이 이 책에서 언급했듯이 다른 언어에서 파이썬으로 막 들어온 사람은 for 반복문 사용 방식에 대해 이야기를 듣는다. 파이썬으로 프로그래밍을 시작했을 때 받은 코드 리뷰 코멘트 중 하나가 "여기에 리스트 내포식을 사용하는 게 낫지 않나?"였다. 댄은 6장에서 이 개념을 분명하게 설명한다. 파이썬다운 방식으로 반복하는 법과 이터레이터와 제너레이터를 사용하는 방식까지 보여준다.

'2.5 문자열 형식에 관한 충격적인 진실'에서 댄은 파이썬 문자열 형식을 다루는 여러 가지 방식을 설명한다. "어떤 일을 하는 분명한 방법은 하나뿐이어야 한다"는 파이썬의 선(禪, Zen)을 무시하는 예 중 하나다. 댄은 우리에게 다양한 방식을 보여 주는데 파이썬에 새롭게 추가된 f-문자열을 포함해서 각 방법의 장단점을 설명한다.

'8장 파이썬다운 생산성 향상 기법'은 또 다른 좋은 자료다. 여기에는 파이썬 프로그래밍 언어 외의 측면이 포함되어 있고 프로그램을 디버그하는 방법과 의존성을 관리하는 방법, 파이썬 바이트코드의 내부를 들여다볼 수 있는 팁도 있다.

내 친구인 댄 베이더가 쓴 이 책을 소개할 수 있어서 영광이다.

나는 CPython 코어 개발자로 파이썬에 공헌함으로써 많은 커뮤니티 구성원과 만났다. 이 여정을 통해 멘토와 동지를 찾았고 새로운 친구를 사귈 수 있었다. 그들은 파이썬이 단지 코드가 아니라 커뮤니티라는 것을 상기시켜 줬다.

파이썬 프로그래밍에 통달하는 것은 단지 언어의 이론적 측면을 파악하는 일이 아니다. 커뮤니티에서 사용되는 모범 사례와 규칙을 이해하고 채택하는 것 역시 중요하다.

이 여행에서 댄의 책이 독자들을 도울 것이다. 이 책을 읽은 후 파이썬 프로그램을 작성하면 자신감이 더 생기리라고 확신한다.

– 마리아타 위자야(Mariatta Wijaya), 파이썬 코어 개발자(mariatta.ca)

1장

소개

1.1 파이썬 트릭이란?

> **파이썬 트릭**: 짧은 파이썬 토막 코드(code snippet)를 교육 도구로 사용한다. 파이썬
> 트릭(trick)은 간단한 설명으로 파이썬의 한 부분을 가르치거나 동기 부여를 위한 예제
> 로 사용되어 직관적인 이해를 높이거나 파이썬에 더 깊이 파고들 수 있게 한다.

파이썬 트릭은 짧은 코드 스크린샷 연재로 시작됐고 일주일 동안 트위터에 공
유됐다. 놀랍게도 극찬을 얻었고 며칠 동안 리트윗(retweet)되면서 공유됐다.

점점 더 많은 개발자가 전체 연재를 구할 수 있는 방법을 묻기 시작했다. 사
실 처음에는 파이썬 관련 주제를 다양하게 다루는 몇 가지 트릭만 있었고 제대
로 된 연재 계획은 없었다. 단지 재미난 트위터 실험이었다.

그러나 이러한 요청들을 보고 나는 짧고 유용한 코드 예제가 교육 도구로 탐
구할 가치가 있다고 생각했다. 결국 파이썬 트릭을 몇 개 더 만들어 이메일 연
재로 공유했다. 며칠 만에 수백 명의 파이썬 개발자가 구독했고 그 반응은 폭
발적이었다.

다음 몇 주 동안 꾸준하게 파이썬 개발자들의 구독이 늘어났다. 그들은 완전
히 이해하는 데 어려움을 겪고 있는 언어의 일부를 분명하게 설명해 준 것에
감사를 표시했다. 이런 반응을 듣는 건 굉장한 경험이었다. 나는 이 파이썬 트

릭들이 그저 코드 스크린샷일 뿐이라고 생각했지만 많은 개발자에게 큰 도움이 되었다.

파이썬 트릭 실험을 더 열심히 하기로 하고 이메일을 30회가량 보냈을 때였다. 여전히 그냥 제목과 코드 스크린샷 구성이었는데 곧 형식의 제한을 깨닫게됐다. 이 무렵 시각 장애인 개발자가 내게 이메일을 보내 이 파이썬 트릭이 스크린 리더로 읽을 수 없는 이미지여서 실망이라고 했다.

분명히 더 많은 독자들이 더 쉽게 접근하고 더 매력적으로 느낄 수 있도록 하기 위해 이 프로젝트에 많은 시간을 투자해야 했다. 그래서 나는 일반 텍스트와 적절한 HTML 기반의 문법 강조를 섞어서 파이썬 트릭 이메일 전체 연재를다시 만들었다. 새롭게 작업한 파이썬 트릭은 한동안 멋지게 진행됐다. 반응을보니 코드 샘플을 복사하고 붙여 넣기를 하면서 재미있게 노는 개발자들이 많아 보였다.

이메일 연재에 가입하는 개발자가 점점 늘어남에 따라 내가 받는 질문과 응답의 패턴을 발견하기 시작했다. 일부 트릭은 동기를 부여하는 예제로 효과가있었다. 그러나 좀 더 복잡한 트릭에는 개발자가 더 깊이 이해할 수 있도록 돕는 추가 자료나 독자를 안내해 주는 설명이 부족했다.

이 부분은 크게 개선해야 할 부분이라고 생각했다. 파이썬 개발자가 더 훌륭해지도록 돕는 것이 dbader.org에 쓴 내 임무 선언문이다. 그리고 파이썬 트릭은 분명 그 목표에 다가설 수 있는 기회였다.

나는 그동안 보낸 이메일에 실린 파이썬 트릭 중에서 가장 좋은 내용을 골라새로운 파이썬 책을 쓰기로 했다.

- 짧고 소화하기 쉬운 예제로 언어의 가장 멋진 면을 가르치는 책
- 멋진 파이썬 특징들이 있는 (맛있는!) 뷔페처럼 사용되고 동기 유발을 고취하는 책
- 저절로 손이 가고 파이썬을 깊이 이해하는 데 도움이 되는 책

이 책은 내가 기꺼이 하는 일이자 거대한 실험이다. 나는 여러분이 이 책을 즐겁게 읽고 파이썬에 대해 뭔가 배우기를 바란다.

1.2 이 책이 독자에게 알려 주는 것

이 책의 목표는 독자들이 더 나은 파이썬 개발자가 되도록 돕는 것이다. 어떻게 이 책을 읽어야 그 목표를 이룰 수 있을지 궁금할 것이다.

이 책은 단계별 파이썬 학습서가 아니다. 그리고 초급 파이썬 과정도 아니다. 파이썬을 배우는 초기 단계에 있다면 이 책만으로는 전문적인 파이썬 개발자가 될 수 없다. 이 책을 읽는 것이 유익할 수는 있지만 기초적인 파이썬 실력을 쌓으려면 다른 자료와 함께 공부해야 한다.

이미 파이썬에 대한 지식을 가지고 있고 다음 단계로 넘어가고 싶다면 이 책을 최대한 활용할 수 있다. 파이썬 코딩을 조금 해 봤고 더 깊게 파고들어 완전히 이해해서 파이썬다운 코드를 만들어 보고 싶다면 이 책이 큰 도움이 될 것이다.

이미 다른 프로그래밍 언어에 대한 경험이 있고 파이썬에 익숙해지고자 한다면 이 책을 읽는 게 큰 도움이 될 것이다. 좀 더 숙련된 파이썬 개발자가 될 수 있는 실용적인 팁과 디자인 패턴을 발견할 것이다.

1.3 이 책을 읽는 방법

이 책을 읽는 가장 좋은 방법은 뷔페처럼 사용하는 것이다. 이 책에 있는 파이썬 트릭은 각각 구분돼 있어서 흥미로운 곳으로 바로 넘어갈 수 있다. 사실 나는 그렇게 하도록 권장한다. 물론 모든 파이썬 트릭을 책에 배치된 순서대로 읽을 수도 있다.

트릭들 중 일부는 즉시 이해할 수 있을 만큼 쉬우며 각 장을 읽기만 해도 일상 업무에 반영하는 데 어려움이 없다. 반면 사용하려면 약간의 시간이 필요한 트릭도 있다.

특정 트릭을 자신의 프로그램에서 돌아가게 하는 데 어려움을 겪을 경우에는 파이썬 인터프리터(interpreter)에서 각 코드 예제를 가지고 놀아 보면 도움이 된다.

내용을 완전히 이해하기 어려우면 나에게 연락해도 된다. 그러면 여러분을

도울 수 있고 이 책의 설명을 개선하는 데도 도움이 된다. 장기적으로 이 책은
여러분뿐 아니라 모든 파이썬 사용자에게 도움이 될 것이다.

2장

파이썬 코드를 정돈하기 위한 패턴

2.1 assert 문으로 방어하기

간혹 정말 도움이 되는 언어의 특징이 그 가치에 비해 주목을 적게 받기도 한다. 파이썬에 내장된 assert 문도 그렇다.

지금부터 단언(assertion)문을 살펴보자. 단언문을 사용하여 파이썬 프로그램의 에러를 자동으로 감지하는 방법을 배울 것이다. 단언문으로 프로그램 안정성을 높이고 프로그램을 쉽게 디버그할 수 있다.

이 시점에서 "단언문이 무엇이고 어디에 유용한가?" 하고 궁금해할 것이다.

파이썬의 단언문은 어떤 조건을 테스트하는 디버깅 보조 도구라는 것이 핵심이다. 단언 조건이 참이면 아무 일도 일어나지 않고 프로그램이 정상으로 계속 실행된다. 그러나 조건이 거짓으로 판명되면 AssertionError 예외가 발생한다.

파이썬의 단언문 예세

단언문이 어디에 유용한지 알려 주는 간단한 예가 있다. 독자들이 프로그램을 개발하다가 마주할 수 있는 실제 문제와 조금은 비슷하도록 예제를 만들었다.

온라인 쇼핑몰을 만들고 있다고 가정해 보자. 할인 쿠폰 기능을 시스템에 추가하려고 다음과 같은 apply_discount 함수를 작성했다.

```python
def apply_discount(product, discount):
    price = int(product['price'] * (1.0 - discount))
    assert 0 <= price <= product['price']
    return price
```

assert 문이 보일 것이다. 이 함수로 계산된 할인 가격은 0달러보다 낮을 수 없으며 제품의 원래 가격보다 높을 수 없다.

유효한 할인을 적용해 이 함수를 호출하면 실제로 의도한 대로 작동하는지 확인해 보자. 이 예제에서 우리 쇼핑몰의 제품은 평범한 딕셔너리(dictionary) 형으로 표시된다. 아마도 실제 애플리케이션에서 이렇게 사용되지는 않겠지만 단언문을 설명하기에는 적절하다. 149달러짜리 멋진 신발 한 켤레를 예로 들어 보자.

```python
>>> shoes = {'name': 'Fancy Shoes', 'price': 14900}
```

내가 금액을 센트로 표시해서 통화 반올림 문제를 해결하려고 한 게 눈에 띌 것이다. 대체로 좋은 생각이다. 잠시 딴 길로 샜다. 이제 이 신발에 25% 할인을 적용하면 판매 가격은 111.75달러다.

```python
>>> apply_discount(shoes, 0.25)
11175
```

좋다. 훌륭하게 동작했다. 자, 잘못된 할인율을 적용해 보자. 예를 들어 200% '할인'이라면 우리가 고객에게 돈을 줘야 한다.

```python
>>> apply_discount(shoes, 2.0)
Traceback (most recent call last):
  File "<input>", line 1, in <module>
    apply_discount(prod, 2.0)
  File "<input>", line 4, in apply_discount
    assert 0 <= price <= product['price']
AssertionError
```

보다시피 이 잘못된 할인을 적용하려고 할 때 프로그램은 AssertionError로 중

단된다. 200% 할인이 `apply_discount` 함수에 포함된 단언 조건을 위반했기 때문이다.

또한 예외 스택트레이스(stacktrace)가 실패한 단언문을 포함하는 코드 라인을 정확히 가리키는지 확인할 수 있다. 온라인 쇼핑몰을 테스트하는 동안 이러한 에러 중 하나가 발생하면 예외 트레이스백(traceback)을 살펴봄으로써 발생한 문제를 쉽게 찾을 수 있다.

이렇게 하면 디버깅 작업이 상당히 빨라지고 장기적으로 프로그램을 유지 보수하기 좋아진다. 이것이 단언문의 힘이다.

그냥 일반적인 예외 처리를 사용하면 안 되나?

아마도 이전 예제에서 `if` 문과 예외 처리를 사용하지 않은 이유가 궁금할 것이다.

단언문을 적절하게 사용하면 개발자에게 프로그램에서 복구할 수 없는 에러를 알릴 수 있다. 단언문은 사용자가 시정 조치를 취하거나 다시 시도할 수 있는 'File-Not-Found' 에러와 같은 예상되는 에러 조건을 알리기 위한 것이 아니다.

단언문은 내부 자체 검사(self-check)[1]를 하게 되어 있는데 코드에서 일부 조건을 불가능하다고 선언하는 방식으로 작동한다. 이러한 조건 중 하나가 만족스럽지 않으면 프로그램에 버그가 있음을 의미한다.

프로그램에 버그가 없으면 이런 조건은 발생하지 않는다. 그러나 그것이 발생하면 프로그램은 '불가능한' 조건이 발동되었음을 알려 주는 단언문 에러를 내고 죽을 것이다. 이렇게 하면 프로그램에서 버그를 추적하고 수정하기가 훨씬 쉬워진다. 나는 이렇게 개발이 편해지는 기술을 좋아한다.

파이썬의 단언문은 런타임 에러를 처리하기 위한 메커니즘이 아니라 디버깅을 돕는 것임을 명심하자. 단언문을 사용하는 목적은 개발자가 버그의 근본 원인을 더 빨리 발견하도록 하는 것이다. 프로그램에 버그가 없다면 단언문 에러는 절대 발생하지 않는다.

---

1 (옮긴이) 신뢰성을 높이기 위해 시스템이 스스로 처리 과정이나 결과를 점검하는 기능을 말한다.

계속해서 단언문으로 할 수 있는 다른 일들에 대해 자세히 살펴보고 실제 시나리오에서 두 가지 일반적인 함정을 다룰 것이다.

파이썬 단언문 문법

파이썬 언어의 기능을 활용하기 전에 그 기능이 실제로 어떻게 구현됐는지 공부하는 것이 좋다. 이제 파이썬 공식 문서에 나온 단언문 문법을 간략하게 살펴보자.[2]

```
assert_stmt ::= "assert" expression1 ["," expression2]
```

이 경우 expression1은 테스트할 조건이고 추가적인 expression2는 단언문이 실패할 경우 표시되는 에러 메시지다. 실행 시에 파이썬 인터프리터는 각 단언문을 대략 다음과 같은 문장으로 변환한다.

```
if __debug__:
    if not expression1:
        raise AssertionError(expression2)
```

이 토막 코드에는 두 가지 흥미로운 점이 있다.

단언 조건을 검사하기 전에 __debug__ 전역 변수에 대한 추가 검사가 있다. 이 조건은 일반적인 상황에서 참이고 최적화가 필요한 경우에는 거짓이다. 이에 대해서는 이어지는 '파이썬 단언문의 일반적인 함정' 절에서 더 이야기하겠다.

또한 expression2를 사용하여 트레이스백 메시지의 AssertionError와 함께 표시될 추가적인 에러 메시지를 전달할 수 있다. 이렇게 하면 디버깅을 더욱 단순하게 할 수 있다. 예를 들어 다음 코드를 보자.

```
>>> if cond == 'x':
...     do_x()
... elif cond == 'y':
...     do_y()
... else:
...     assert False, (
...         'This should never happen, but it does '
```

---

2 파이썬 공식 문서: 'The **assert** statement'(https://docs.python.org/3/reference/simple_stmts.html#the-assert-statement)

```
...        'occasionally. We are currently trying to '
...        'figure out why. Email dbader if you '
...        'encounter this in the wild. Thanks!')
```

코드가 보기 흉하지만, 애플리케이션 개발 과정에서 고치려고 하면 사라지는 하이젠버그(Heisenbug)로 곤란을 겪을 때 확실히 유용하고 도움이 된다.

파이썬 단언문의 일반적인 함정

계속 진행하기 전에 파이썬에서 단언문을 사용할 때 주의해야 할 중요한 사항이 두 가지 있다.

첫 번째는 애플리케이션에 생기는 보안 위험과 버그에 대한 것이고 두 번째는 쓸모없는 단언문을 작성하는 버릇에 대한 것이다.

잠재적으로 끔찍한 상황을 불러올 수 있으므로 적어도 다음 두 가지 주의 사항은 꼭 훑어보기 바란다.

주의 사항 1. 데이터 유효성 검증에 단언문을 사용하지 말자

파이썬에서 단언문을 사용하는 데 있어 가장 큰 주의 사항은 -O 및 -OO 커맨드라인 스위치와 CPython의 PYTHONOPTIMIZE 환경 변수를 사용하여 단언문을 전역으로 비활성할 수 있다는 사실이다.[3]

이는 단언문을 닐(null) 연산으로 만든다. 단언문은 그냥 컴파일만 되고 평가되지 않으므로 조건식은 실행되지 않는다.

이는 다른 많은 프로그래밍 언어에서도 비슷하게 사용되는 의도적인 설계 방식이다. 하지만 그 부작용으로, 개발자들이 입력 데이터의 유효성을 검사하는 빠르고 쉬운 방법으로 단언문을 오용하기도 하는데, 이렇게 하면 극도로 위험해진다.

설명해 보겠다. 프로그램에서 함수 인자에 '잘못되거나' 예기치 않은 값이 포함되어 있는지 확인하는 데 단언문을 사용하면 역효과를 일으켜 버그나 보안 허점을 초래할 수 있다.

이 문제를 보여 주는 간단한 예를 살펴보자. 파이썬을 사용하여 온라인 쇼핑

---

3 파이썬 공식 문서: 'Constants (__debug__)'(https://docs.python.org/3/library/constants.html#__debug__)

몰을 작성한다고 가정해 보자. 쇼핑몰 코드의 어딘가에 사용자의 요청에 따라 제품을 삭제하는 함수가 있다.

단언문에 대해 배웠으므로 여러분은 프로그램 코드에서 이를 사용하고 싶을 것이다. 그리고 다음과 같이 구현한다.

```
def delete_product(prod_id, user):
    assert user.is_admin(), 'Must be admin'
    assert store.has_product(prod_id), 'Unknown product'
    store.get_product(prod_id).delete()
```

이 delete_product 함수를 살펴보자. 단언문이 비활성화되면 어떻게 될까?

이 함수 예제에는 두 가지 심각한 문제가 있으며 이 문제는 단언문을 잘못 사용하여 발생한 것이다.

1. **단언문에서 관리자 권한을 확인하는 것은 위험하다.** 파이썬 인터프리터에서 단언문을 비활성화하면 이 확인 코드는 널 연산으로 변한다. 따라서 어떤 사용자도 이제 상품을 삭제할 수 있다. 권한 검사가 실행되지 않는다. 이로 인해 보안 문제가 발생하고 공격자가 온라인 쇼핑몰에서 데이터를 파괴하거나 심각하게 손상시킬 수 있는 문이 열리게 된다. 좋지 않다.
2. **단언문이 비활성화되면 has_product() 검사를 건너뛴다.** 이는 get_product()가 잘못된 제품 아이디(ID)로 호출될 수 있음을 의미한다. 이렇게 되면 프로그램을 어떻게 작성했느냐에 따라 더 심각한 버그를 초래할 수 있다. 최악의 경우 쇼핑몰이 서비스 거부 공격을 받을 수도 있다. 예를 들어 사용자가 알 수 없는 제품을 삭제하려고 시도할 때 쇼핑몰 서비스가 크래시를 일으킨다면 공격자가 유효하지 않은 삭제 요청을 다량으로 보내 서비스를 중지시킬 수 있다.

이러한 문제를 어떻게 피할 수 있을까? 답은 데이터 유효성 검사를 수행하기 위한 평가 용도로는 절대로 사용하지 않는 것이다. 유효성 검사에는 단언문 대신 일반적인 if 문을 사용하고, 필요에 따라 유효성 검사 에러를 발생시킨다. 다음은 수정한 코드다.

```
def delete_product(product_id, user):
    if not user.is_admin():
        raise AuthError('Must be admin to delete')
    if not store.has_product(product_id):
        raise ValueError('Unknown product id')
    store.get_product(product_id).delete()
```

또한 이 업데이트된 예제는 뜻이 구체적이지 않은 AssertionError 에러를 발생 시키는 대신 (우리가 직접 정의한) ValueError나 AuthError와 같이 맥락에 어울리는 에러를 내는 이점이 있다.

주의 사항 2. 절대 실패하지 않는 단언문

놀랍게도 항상 참이 되는 파이썬 단언문을 실수로 작성하기 쉽다. 과거에 나도 내 발등을 찍은 적이 있다. 여기 그 문제를 간단하게 보여 주겠다.

assert 문에서 첫 번째 인자로 튜플을 전달하면 그 단언문은 항상 참이 되므로 결코 실패하지 않는다.

예를 들어 이 단언문은 절대로 실패하지 않는다.

```
assert(1 == 2, 'This should fail')
```

이는 비어 있지 않은 튜플이 파이썬에서 항상 참인 것과 관련이 있다. 튜플을 단언문에 넘기면 항상 단언 조건이 참이 되며 앞의 단언문은 실패하지 않고 예외를 감지할 수 없으므로 쓸모없어진다.

이런 직관적이지 않은 동작 때문에 실수로 잘못된 멀티라인 단언문을 작성하기가 상대적으로 쉽다. 실제로 나도 (테스트가 성공했다는) 잘못된 신호를 주는 테스트 케이스들을 테스트 스위트에 열심히 추가한 적이 있다. 이제 단위 테스트 중 하나에 다음 단언문이 있다고 상상해 보자.

```
assert (
    counter == 10,
    'It should have counted all the items'
)
```

얼핏 보면 이 테스트 케이스는 완벽해 보인다. 그러나 결코 잘못된 결과를 잡을 수 없다. 단언문은 카운터 변수의 상태에 관계없이 항상 True로 평가된다.

왜 그럴까? 이 단언문은 항상 참인 튜플 객체를 검사하기 때문이다.

이처럼 자기 발등을 찍기란 그다지 어렵지 않다. 코드 린터(linter)[4]를 사용하면 이러한 문법적 괴이함에 속는 실수를 예방할 수 있다. 파이썬 3 최신판에서는 이런 모호한 단언문에 대한 문법 경고도 표시된다.

한편, 이는 단위 테스트 케이스를 작성할 때면 항상 스모크 테스트를 해야 하는 이유이기도 하다. 다음 테스트를 작성하기 전에 방금 작성한 테스트가 실제로 실패하는지 확인하자.

요약: 파이썬 단언문

이런 위험한 면이 있지만 파이썬의 단언문은 파이썬 개발자가 자주 사용하지 않는 강력한 디버깅 도구라고 생각한다.

단언문 작동 방식과 적용 시기를 이해하면 디버깅과 유지 보수가 쉬운 파이썬 프로그램을 작성할 수 있다.

단언문은 파이썬 지식을 한 단계 높여 주고 좀 더 다재다능한 파이썬 사용자가 되는 데 도움이 되는 훌륭한 기술이다. 실제로 단언문 덕분에 나는 디버깅에 허비하는 시간을 놀랍도록 줄일 수 있었다.

요점 정리

- 파이썬의 단언문은 프로그램 내부 자체 검사로 조건을 테스트하는 디버깅 도구다.
- 단언문은 개발자가 버그를 식별하는 데 도움이 되지만 런타임 에러를 처리하기 위한 메커니즘은 아니다.
- 인터프리터 설정으로 단언문을 전역적으로 비활성화할 수 있다.

2.2 보기 좋은 쉼표 배치

다음은 파이썬의 리스트, 딕셔너리, 세트 상수에서 항목을 추가, 제거할 때 유

---

4 파이썬 테스트에서 무의미한 단언문을 피하는 방법에 대해 내가 쓴 글을 참고하자: http://dbader.org/blog/catching-bogus-python-asserts

용한 팁이다. 그냥 모든 행을 쉼표로 끝내자.

내가 무슨 말을 하는지 모르겠는가? 간단한 예를 들어 보겠다. 코드에 이름 리스트가 있다고 가정해 보자.

```
>>> names = ['Alice', 'Bob', 'Dilbert']
```

이 이름 리스트를 변경하고 나서 깃 diff를 보면 수정된 내용을 알아보기 어려울 때가 있다. 대부분의 소스 컨트롤 시스템은 행기반이라서, 한 행에 변경 사항이 여러 개면 시각적으로 잘 표현해 주지 못한다.

빨리 해결할 수 있는 방법은 다음과 같이 리스트나 딕셔너리, 세트 상수를 여러 행으로 작성하는 코드 스타일을 따르는 것이다.

```
>>> names = [
...     'Alice',
...     'Bob',
...     'Dilbert'
... ]
```

이렇게 하면 각 항목이 한 줄씩 차지해 소스 컨트롤 시스템에서 diff를 볼 때 어떤 항목이 추가, 제거, 수정되었는지 완벽하게 알 수 있다. 작은 변화이지만 바보 같은 실수를 피하는 데 도움이 된다. 또한 팀원이 내 코드의 변경 사항을 쉽게 검토할 수 있게 된다.

혼란을 일으킬 수 있는 두 가지 편집 사례를 살펴보자. 형식을 일관되게 유지하려면 리스트의 끝에 새 항목을 추가하거나 마지막 항목을 제거할 때마다 쉼표 위치를 수동으로 업데이트해야 한다.

이 리스트에 다른 이름(*Jane*)을 추가하고 싶다고 가정해 보자. *Jane*을 추가하면 *Dilbert* 행 뒤의 쉼표 배치를 수정해야 불쾌한 에러가 발생하지 않는다.

```
>>> names = [
...     'Alice',
...     'Bob',
...     'Dilbert' # <- 쉼표가 빠졌다!
...     'Jane'
]
```

이 리스트의 내용을 검사해 보고 예기치 않은 결과에 놀라지 말자.

```
>>> names
['Alice', 'Bob', 'DilbertJane']
```

보는 것처럼 파이썬은 *Dilbert*와 *Jane* 문자열을 *DilbertJane*으로 병합했다. 이른바 '문자열 리터럴 결합(string literal concatenation)'은 의도적이고 문서화된 동작이다. 하지만 잡기 힘든 버그를 프로그램에 도입하여 자기 발등을 찍는 행위로 이어질 수 있다.

> "(공백으로 구분된) 인접한 여러 개의 문자열과 바이트 리터럴의 의미는 그것들을 하나로 쭉 연결한 문자열 혹은 바이트 리터럴과 동일하다. 따옴표 하나짜리 문자열과 두 개짜리 문자열을 섞어 사용해도 마찬가지다."[5]

문자열 리터럴 결합은 경우에 따라 유용한 기능이다. 예를 들어 긴 문자열 상수를 여러 줄로 나누는 데 필요한 백슬래시 수를 줄이려면 이 기능을 사용할 수 있다.

```
my_str = ('This is a super long string constant '
          'spread out across multiple lines. '
          'And look, no backslash characters needed!')
```

한편 동일한 기능이 어떻게 해서 금세 문제로 변하는지 방금 봤다. 그렇다면 이 상황을 어떻게 해결할까?

Dilbert 뒤에 누락된 쉼표를 추가하면 두 문자열은 병합되지 않는다.

```
>>> names = [
...     'Alice',
...     'Bob',
...     'Dilbert',
...     'Jane'
]
```

하지만 우리는 원래 문제에 봉착했다. 이 리스트에 새 이름을 추가하려면 두 줄을 수정해야 한다. 이렇게 하면 깃 diff에서 수정된 내용을 다시 보기가 더 어려워진다. 누군가 새로운 이름을 추가했나? 누군가 딜버트의 이름을 바꿨나?

---

5 파이썬 공식 문서: 'String literal concatenation'(https://docs.python.org/3.6/reference/lexical_analysis. html#string-literal-concatenation)

다행히도 파이썬 구문은 이 쉼표 배치 문제를 해결할 수 있는 여지를 제공한다. 그러니 이 문제를 피하는 코드 스타일을 체화하도록 훈련하기만 하면 된다. 방법을 보여 주겠다.

파이썬에서는 리스트, 딕셔너리, 세트 상수의 모든 항목(마지막 항목도 포함)에 쉼표를 붙일 수 있다. 그렇게 하면 쉼표를 하나 더 추가할 필요 없이 줄 끝에 항상 쉼표를 붙이면 된다는 것만 기억하면 된다.

마지막 예제는 다음과 같다.

```
>>> names = [
...     'Alice',
...     'Bob',
...     'Dilbert',
... ]
```

Dilbert 뒤의 쉼표를 발견했는가? 쉼표 배치를 수정하지 않고도 새 항목을 쉽게 추가하거나 제거할 수 있다. 코드 라인을 일관성 있게 유지할 수 있고 소스 컨트롤이 깨끗해지며 코드 리뷰어가 행복해진다. 이처럼 가끔 사소한 곳에 마법이 있다.

요점 정리

- 영리한 형식화와 쉼표 배치는 리스트나 딕셔너리, 세트 상수를 쉽게 유지 관리할 수 있게 한다.
- 파이썬의 문자열 리터럴 결합 기능은 유용하지만 잡기 힘든 버그를 양산하기도 한다.

2.3 콘텍스트 매니저와 with 문

파이썬의 with 문은 다소 애매한 기능으로 생각된다. 그러나 사용되는 걸 들여다보면 이해하지 못할 마법 같은 것은 없고 실제로 더 깨끗하고 가독성 좋은 파이썬 코드를 작성할 수 있어 매우 유용하다.

그렇다면 with 문은 어디에 좋을까? 기능을 추상화하고 재사용할 수 있게 하여 일반적인 리소스 관리 패턴을 단순화하는 데 도움이 된다.

이 기능을 효과적으로 사용하는 모습이 궁금하면 파이썬 표준 라이브러리의 예제를 살펴보면 좋다. 대표적으로 내장된 open() 함수는 멋진 활용법을 보여준다.

```python
with open('hello.txt', 'w') as f:
    f.write('hello, world!')
```

보통은 with 문을 사용하여 파일을 여는 것을 추천한다. with 문으로 연 파일 서술자는 프로그램이 콘텍스트(context)를 벗어나면 자동으로 닫히기 때문이다. 내부적으로 앞의 코드 샘플은 다음과 같이 변환된다.

```python
f = open('hello.txt', 'w')
try:
    f.write('hello, world')
finally:
    f.close()
```

벌써 코드가 다소 장황해졌다. 여기서는 try...finally 문이 핵심임을 놓치지 말자. 다음과 같이 작성하는 것으로는 충분하지 않다.

```python
f = open('hello.txt', 'w')
f.write('hello, world')
f.close()
```

이렇게 구현하면 f.write() 호출 중에 예외가 발생할 경우 파일이 닫히는 것을 보장하지 않으므로 파일 파일 서술자 누수가 생길 수 있다. 이에 반해 with 문은 리소스를 적절하게 확보하고 반환하기 때문에 매우 유용하다.

with 문이 파이썬 표준 라이브러리에서 효과적으로 사용되는 또 다른 좋은 예는 threading.Lock 클래스다.

```python
some_lock = threading.Lock()

# 안 좋은 방법
some_lock.acquire()
try:
    # 뭔가를 한다.
finally:
    some_lock.release()
```

```
# 더 나은 방법
with some_lock:
    # 뭔가를 한다.
```

두 경우 모두 with 문을 사용하면 리소스를 처리하는 대부분의 로직을 추상화할 수 있다. 명시적인 try...finally 문을 매번 쓰지 않아도 되는 대신에 with 문만으로 같은 일을 처리할 수 있다.

with 문을 쓰면 시스템 리소스를 다루는 코드를 더 읽기 좋게 만들 수 있다. 더 이상 필요치 않은 리소스를 정리하거나 해제하는 일을 잊을 수 없게 되므로 버그나 메모리 누수를 피할 수 있다.

객체에서 with 사용

open() 함수나 threading.Lock 클래스와 함께 with 문을 사용할 수 있다는 사실에는 특별하거나 마법 같은 것은 없다. 사실 이른바 콘텍스트 매니저를 구현하면 자신의 클래스와 함수에도 동일한 기능을 제공할 수 있다.[6]

콘텍스트 매니저란 무엇인가? 그것은 with 문을 지원하기 위해 객체가 따라야 하는 간단한 '프로토콜'(또는 인터페이스)이다. 기본적으로 콘텍스트 매니저로 사용하려는 객체에 __enter__와 __exit__ 메서드만 추가하면 된다. 그러면 파이썬이 리소스 관리 주기의 적절한 시기에 이 두 메서드를 호출한다.

이것이 실제로 어떻게 생겼는지 살펴보자. 다음은 open() 콘텍스트 매니저를 간단히 구현한 코드다.

```
class ManagedFile:
    def __init__(self, name):
        self.name = name

    def __enter__(self):
        self.file = open(self.name, 'w')
        return self.file

    def __exit__(self, exc_type, exc_val, exc_tb):
        if self.file:
            self.file.close()
```

---

6 파이썬 공식 문서: 'With Statement Context Managers'(https://docs.python.org/3/reference/datamodel. html#context-managers)

ManagedFile 클래스는 콘텍스트 매니저 프로토콜을 따르고 원래의 open() 예제와 마찬가지로 with 문을 지원한다.

```
>>> with ManagedFile('hello.txt') as f:
...     f.write('hello, world!')
...     f.write('bye now')
```

파이썬은 실행이 with 문의 콘텍스트로 들어갈 때 __enter__를 호출하고 그때 리소스를 확보한다. 그리고 실행이 콘텍스트를 다시 벗어날 때 __exit__를 호출하여 리소스를 반환한다.

클래스 기반 콘텍스트 매니저를 작성하는 것이 파이썬에서 with 문을 지원하는 유일한 방법은 아니다. 표준 라이브러리의 contextlib[7] 유틸리티 모듈은 기본 콘텍스트 매니저 프로토콜 위에 구축된 몇 가지 추상화를 제공한다. 여러분도 with 문을 이 contextlib에서 제공하는 것과 같은 방식으로 사용하면 삶이 더 편해질 수 있다.

예를 들어 contextlib.contextmanager 데코레이터(decorator)를 사용하여 리소스에 대한 제너레이터(generator) 기반의 팩터리 함수를 정의할 수 있다. 이 팩터리 함수는 with 문을 자동으로 지원한다. 이 기술을 사용하여 ManagedFile 콘텍스트 매니저 예제를 다시 작성해 보자.

```
from contextlib import contextmanager

@contextmanager
def managed_file(name):
    try:
        f = open(name, 'w')
        yield f
    finally:
        f.close()

>>> with managed_file('hello.txt') as f:
...     f.write('hello, world!')
...     f.write('bye now')
```

이 경우 managed_file()이 제너레이터로, 먼저 리소스를 확보한다. 그런 다음 yield 키워드로 자신의 실행을 일시 정지하고 확보해 둔 자원을 호출자에 전달

---

7 파이썬 공식 문서: 'contextlib'(https://docs.python.org/3/library/contextlib.html)

한다. 호출자가 콘텍스트를 종료하면 제너레이터가 계속 실행되어 나머지 정리 단계를 수행해 리소스를 시스템에 반환한다.

클래스 기반 구현과 제너레이터 기반 구현은 일반적으로 동등하다. 자신이 판단하기에 가독성이 더 좋은 쪽을 선택하면 된다.

@contextmanager를 사용한 구현의 단점은 데코레이터 및 제너레이터 같은 고급 파이썬 개념을 어느 정도 이해해야 한다는 것이다. 이 개념들을 빨리 익히려면 3장과 6장에서 관련 주제의 절들을 찾아 읽어 보기 바란다.

다시 한 번 말하자면 가장 가독성이 높고 여러분과 여러분의 팀이 편하게 사용할 수 있는 구현 방식을 선택하는 것이 좋다.

콘텍스트 매니저로 예쁜 API 작성하기

콘텍스트 매니저는 매우 유연하며 with 문을 창의적으로 사용하면 모듈 및 클래스의 API를 사용하기 편리하도록 정의할 수 있다.

예를 들어 관리하고자 하는 '리소스'가 보고서 생성 프로그램의 텍스트 들여쓰기 레벨이라면 어떻게 해야 할까? 다음과 같은 코드를 작성하면 된다.

```
with Indenter() as indent:
    indent.print('hi!')
    with indent:
        indent.print('hello')
        with indent:
            indent.print('bonjour')
    indent.print('hey')
```

이 코드는 마치 텍스트 들여쓰기용 도메인 특화 언어(DSL)처럼 보인다. 또한 이 코드가 들여쓰기 레벨을 변경하기 위해 동일한 콘텍스트 매니저에 여러 번 들어가고 나오는 데 유의하자. 이 토막 코드를 실행하면 다음처럼 깔끔하게 정돈된 텍스트가 콘솔에 출력된다.

```
hi!
    hello
        bonjour
hey
```

자, 이 기능을 지원하는 콘텍스트 매니저를 어떻게 구현할 것인가?

그런데 이걸 구현해 보는 일은 콘텍스트 매니저의 작동 원리를 정확하게 이해하는 데 훌륭한 연습이 되므로 다음에서 구현된 코드를 확인하기에 앞서 시간을 갖고 연습 삼아 직접 구현해 봐도 된다.

구현된 코드를 확인할 준비가 됐는가? 이 기능을 클래스 기반 콘텍스트 매니저를 사용하여 구현하면 다음과 같은 모습이 된다.

```python
class Indenter:
    def __init__(self):
        self.level = 0

    def __enter__(self):
        self.level += 1
        return self

    def __exit__(self, exc_type, exc_val, exc_tb):
        self.level -= 1

    def print(self, text):
        print(' ' * self.level + text)
```

그렇게 나쁘진 않았다. 여러분은 이미 자신의 파이썬 프로그램에서 콘텍스트 매니저와 with 문을 사용하는 게 더 편하다고 생각할 것이다. 이는 리소스를 훨씬 파이썬답고 유지 보수가 수월한 방법으로 관리하게 해 주는 훌륭한 기능이다.

심화 학습을 위해 또 다른 연습을 원할 경우 time.time 함수를 사용하여 코드 블록의 실행 시간을 측정하는 콘텍스트 매니저를 구현해 보자. 데코레이터 기반과 클래스 기반으로 각각 작성하여 이 둘 사이의 차이점을 파악해 보자.

요점 정리

- with 문은 표준적인 try/finally 문 사용을 이른바 콘텍스트 매니저에 캡슐화하여 예외 처리를 단순하게 한다.
- with 문은 주로 시스템 리소스의 안전한 획득 및 해제를 관리하는 데 사용한다. 리소스는 with 문에 의해 확보되고 실행이 콘텍스트를 벗어날 때 자동으로 해제된다.
- with를 효과적으로 사용하면 리소스가 새는 것을 방지하고 코드를 읽기 쉽게 만들 수 있다.

2.4 밑줄 문자와 던더

밑줄 한 개 또는 두 개는 파이썬 변수 및 메서드 이름에서 의미가 있다. 이러한 의미 중 일부는 관례에 따라 프로그래머에게 힌트를 주기 위한 것이며 일부는 파이썬 인터프리터에서 강제하는 것이다.

"그래서 그게 도대체 무슨 의미인가?" 하고 궁금할 것이다. 답을 줄 수 있도록 최선을 다하겠다. 이제부터 다음 다섯 가지 밑줄 문자 패턴과 명명 관례에 대해 설명하고 파이썬 프로그램 동작에 어떻게 영향을 미치는지 살펴본다.

- 단일 밑줄 접두사: _var
- 단일 밑줄 접미사: var_
- 이중 밑줄 접두사: __var
- 이중 밑줄 접두사와 접미사: __var__
- 단독 밑줄 문자: _

1. 단일 밑줄 접두사: '_var'

변수와 메서드 이름에서 단일 밑줄 접두사는 오직 관례적인 의미만 지닌다. 이 것은 프로그래머에게 주는 힌트로, 파이썬 커뮤니티에서 통용되는 특별한 의 미가 있지만 프로그램 동작에는 아무런 영향도 주지 않는다.

단일 밑줄 접두사는 해당 변수 또는 메서드가 내부용으로만 쓰일 것이라는 의도를 다른 프로그래머에게 알리기 위한 힌트다. 이 규칙은 가장 일반적으로 사용되는 파이썬 코드 스타일 가이드인 PEP 8에 정의돼 있다.[8]

그러나 이 관례는 파이썬 인터프리터에 의해 강제되지 않는다. 파이썬은 자 바와 달리 '프라이빗(private)'과 '퍼블릭(public)' 변수 사이에 강력한 구분이 없 다. 변수 이름 앞에 단일 밑줄 문자를 추가하는 것은 누군가가 "잠깐! 이건 이 클래스의 공개 인터페이스가 아니에요. 그냥 내버려 두세요"라고 외치는 경고 신호와 같다.

다음 예제를 살펴보자.

8　PEP 8: 'Style Guide for Python Code'(http://pep8.org/#descriptive-naming-styles)

```
class Test:
    def __init__(self):
        self.foo = 11
        self._bar = 23
```

이 클래스를 인스턴스화하고 __init__ 생성자에 정의된 foo 및 _bar 속성에 접근하려고 하면 어떻게 될까? 알아보자.

```
>>> t = Test()
>>> t.foo
11
>>> t._bar
23
```

보다시피 _bar의 단일 밑줄 접두사는 클래스에 들어 있는 해당 변수의 값에 '접근'하는 것을 방해하지 않았다.

파이썬의 단일 밑줄 접두사는 적어도 변수와 메서드 이름에 관해서는 합의된 관례에 불과하기 때문이다. 그러나 모듈에서 이름을 가져오는 방법에는 영향을 준다. my_module이라는 모듈에 다음과 같은 코드가 있다고 가정해 보자.

```
# my_module.py:

def external_func():
    return 23

def _internal_func():
    return 42
```

이제 와일드카드 임포트(wildcard import)를 사용하여 모듈에서 모든 이름을 가져오는 경우 파이썬은 밑줄로 시작하는 이름은 가져오지 않는다(모듈이 이 동작을 무시하는 __all__ 리스트를 정의하지는 않는 한[9]).

```
>>> from my_module import *
>>> external_func()
23
>>> _internal_func()
NameError: "name '_internal_func' is not defined"
```

---

9 파이썬 공식 문서: 'Importing * From a Package'(https://docs.python.org/3/tutorial/modules.html#importing-from-a-package)

이렇듯 와일드카드 임포트로는 네임스페이스에 어떤 이름이 있는지 명확하게 알 수 없으므로 피해야 한다.[10] 명확성을 위해 일반적인 임포트를 고수하는 편이 좋다. 와일드카드 임포트와 달리 일반적인 임포트는 단일 밑줄 접두사 명명 관례에 영향을 받지 않는다.

```
>>> import my_module
>>> my_module.external_func()
23
>>> my_module._internal_func()
42
```

약간 혼란스러울 수도 있다. 와일드카드 임포트를 피하라고 하는 PEP 8 권장 사항을 준수한다면 기억해야 할 것은 다음과 같다.

단일 밑줄 문자는 이름이 내부용으로 사용된다는 것을 나타내는 파이썬 명명 관례다. 일반적으로 파이썬 인터프리터는 이를 강제하지 않으며 프로그래머에게 힌트를 줄 뿐이다.

2. 단일 밑줄 접미사: 'var_'

때로는 변수에 가장 적합한 이름이 이미 파이썬 언어의 키워드로 사용되기도 한다. 예컨대 class나 def와 같은 이름은 파이썬에서 변수 이름으로 사용할 수 없다. 이 경우 하나의 밑줄 문자를 추가하여 이름 충돌을 제거할 수 있다.

```
>>> def make_object(name, class):
SyntaxError: "invalid syntax"

>>> def make_object(name, class_):
...     pass
```

요약하면 단일 밑줄 접미사는 파이썬 키워드와의 이름 충돌을 피하기 위해 관례적으로 사용된다. PEP 8에 정의되어 있다.

3. 이중 밑줄 접두사: '__var'

지금까지 살펴본 명명 패턴은 합의된 관례를 통해서만 의미를 부여받았다. 하

---

10 PEP 8: 'Imports'(http://pep8.org/#imports)

지만 이중 밑줄 문자로 시작하는 클래스 속성(변수 및 메서드)을 사용하면 상황이 약간 달라진다.

이중 밑줄 접두사는 서브클래스에서 이름 충돌을 피하기 위해 파이썬 인터프리터가 속성 이름을 다시 쓰도록 한다.

이를 네임 맹글링(name mangling)이라고도 한다. 인터프리터는 클래스가 나중에 확장될 때 충돌이 발생하기 어렵게 만드는 방식으로 변수 이름을 변경한다.

이런 동작이 꽤 추상적으로 들릴 것이다. 그래서 실험을 해 볼 수 있는 작은 예제를 작성했다.

```python
class Test:
    def __init__(self):
        self.foo = 11
        self._bar = 23
        self.__baz = 42
```

내장된 dir() 함수를 사용하여 이 객체의 속성을 살펴보자.

```python
>>> t = Test()
>>> dir(t)
['_Test__baz', '__class__', '__delattr__', '__dict__',
 '__dir__', '__doc__', '__eq__', '__format__', '__ge__',
 '__getattribute__', '__gt__', '__hash__', '__init__',
 '__le__', '__lt__', '__module__', '__ne__', '__new__',
 '__reduce__', '__reduce_ex__', '__repr__',
 '__setattr__', '__sizeof__', '__str__',
 '__subclasshook__', '__weakref__', '_bar', 'foo']
```

객체의 속성 목록이 제공된다. 이 목록을 보고 foo와 _bar 및 __baz라는 원래 변수 이름을 찾아보자. 장담하건대 여러분은 몇 가지 흥미로운 변화를 눈치챘을 것이다.

우선 self.foo 변수는 속성 목록에서 foo로 나타난다.

다음으로 self._bar도 같은 방식으로 동작한다. 즉 클래스에 _bar로 표시된다. 앞서 말했듯이 앞의 밑줄 문자는 이 경우 관례일 뿐이다. 프로그래머를 위한 힌트다.

그러나 self.__baz는 약간 다르게 보인다. 이 목록에서 __baz를 검색하면 해당 이름의 변수가 없음을 알 수 있다.

그래서 __baz는 어떻게 되었을까?

자세히 살펴보면 _Test__baz라는 속성을 찾을 수 있다. 이것이 파이썬 인터 프리터가 적용한 네임 맹글링으로, 서브클래스에서 변수가 재정의되는 것을 막기 위해 이렇게 한다.

Test 클래스를 확장해서 생성자에 추가된 기존 속성을 재정의하려고 시도하는 다른 클래스를 만들어 보자.

```
class ExtendedTest(Test):
    def __init__(self):
        super().__init__()
        self.foo = 'overridden'
        self._bar = 'overridden'
        self.__baz = 'overridden'
```

자, foo와 _bar 및 __baz의 값이 ExtendedTest 클래스의 인스턴스에 있을 것이라고 생각하는가? 한번 보자.

```
>>> t2 = ExtendedTest()
>>> t2.foo
'overridden'
>>> t2._bar
'overridden'
>>> t2.__baz
AttributeError:
"'ExtendedTest' object has no attribute '__baz'"
```

잠깐, 왜 t2.__baz의 값을 확인하려고 할 때 AttributeError가 일어났을까? 네임 맹글링 때문이다! 이 객체는 __baz 속성조차 가지고 있지 않은 것이다.

```
>>> dir(t2)
['_ExtendedTest__baz', '_Test__baz', '__class__',
 '__delattr__', '__dict__', '__dir__', '__doc__',
 '__eq__', '__format__', '__ge__', '__getattribute__',
 '__gt__', '__hash__', '__init__', '__le__', '__lt__',
 '__module__', '__ne__', '__new__', '__reduce__',
 '__reduce_ex__', '__repr__', '__setattr__',
 '__sizeof__', '__str__', '__subclasshook__',
 '__weakref__', '_bar', 'foo', 'get_vars']
```

보다시피 __baz는 _ExtendedTest__baz로 바뀌어 실수로 수정되지 않게 한다.

그러나 원래의 _Test__baz도 여전히 존재한다.

```
>>> t2._ExtendedTest__baz
'overridden'
>>> t2._Test__baz
42
```

이중 밑줄 문자 네임 맹글링은 프로그래머에게 알리지 않고 자동으로 이루어
진다. 이 사실을 확인해 주는 다음 예를 살펴보자.

```
class ManglingTest:
    def __init__(self):
        self.__mangled = 'hello'

    def get_mangled(self):
        return self.__mangled
```

```
>>> ManglingTest().get_mangled()
'hello'
>>> ManglingTest().__mangled
AttributeError:
"'ManglingTest' object has no attribute '__mangled'"
```

네임 맹글링은 메서드 이름에도 적용되는가? 물론이다! 네임 맹글링은 클래스
콘텍스트에서 두 개의 밑줄 문자로 시작하는 모든 이름에 영향을 준다.

```
class MangledMethod:
    def __method(self):
        return 42

    def call_it(self):
        return self.__method()
```

```
>>> MangledMethod().__method()
AttributeError:
"'MangledMethod' object has no attribute '__method'"
>>> MangledMethod().call_it()
42
```

놀라운 네임 맹글링 예제가 하나 더 있다.

```
_MangledGlobal__mangled = 23

class MangledGlobal:
    def test(self):
```

```
        return __mangled

>>> MangledGlobal().test()
23
```

이 예제에서 _MangledGlobal__mangled를 전역 변수로 선언했다. 그런 다음 MangledGlobal이라는 클래스의 콘텍스트에서 이 변수에 접근했다. 네임 맹글링 때문에 _MangledGlobal__mangled 전역 변수를 클래스의 test() 메서드 내부에서 __mangled라는 이름으로 참조할 수 있었다.

파이썬 인터프리터는 __mangled라는 이름이 이중 밑줄 문자로 시작하기 때문에 _MangledGlobal__mangled로 자동 확장했다. 이것은 네임 맹글링이 클래스 속성에만 한정되지 않음을 보여 준다. 네임 맹글링은 클래스 콘텍스트에서 사용되는 이중 밑줄 문자로 시작하는 모든 이름에 적용된다.

휴! 이해해야 할 것이 많았다.

솔직히 말하면 이 예제와 설명이 머릿속에서 바로 튀어나오지는 않았다. 약간의 연구가 필요했다. 파이썬을 수년간 사용했지만 이러한 규칙과 특별한 사례가 항상 머릿속에 담겨 있던 것은 아니다.

때로는 프로그래머에게 가장 중요한 기술은 '패턴 인식'과 필요한 내용을 어디에서 찾을 수 있는지 아는 것이다. 이 시점에서 약간 압박이 느껴진다고 해도 걱정하지 말자. 여유 있게 이 장에 나온 몇 가지 예제를 가지고 놀아 보자.

이 개념을 충분히 이해하면 네임 맹글링의 일반적인 아이디어와 앞서 보여 준 다른 동작들을 인식해 낼 수 있을 것이다. 언젠가 '거친 개발 작업 중에' 이것들을 마주한다면 여러분은 문서에서 무엇을 찾아야 할지 알 것이다.

보충: 던더란 무엇인가?

경험이 많은 파이썬 개발자의 발표나 콘퍼런스 강의에서 던더(dunder)라는 용어를 들어 본 적이 있을 것이다. 그것이 무엇인지 궁금하다면 지금부터 그 답을 살펴보자.

이중 밑줄 문자를 파이썬 커뮤니티에서는 '던더'라고 부르기도 한다. 이중 밑줄 문자가 파이썬 코드에서 꽤 자주 나와서 발음하기 쉽게 '이중 밑줄 문자(double underscore)'를 '던더(dunder)'라고 줄여서 읽는 것이다.

예를 들어 __baz를 '던더 baz'라고 발음할 수 있다. __init__은 '던더 init 던더'라고 생각할 수도 있지만 '던더 init'으로 발음한다.

이 역시 밑줄 문자를 사용하는 명명 규칙의 또 다른 특징일 뿐이다. 파이썬 개발자에게는 비밀 수신호와 같다.

4. 이중 밑줄 접두사와 접미사: '__var__'

놀랍게도 이름의 시작과 끝이 모두 이중 밑줄 문자일 때는 네임 맹글링은 적용되지 않는다. 즉 이중 밑줄 접두사와 접미사로 둘러싸인 변수는 파이썬 인터프리터가 건드리지 않는다.

```
class PrefixPostfixTest:
    def __init__(self):
        self.__bam__ = 42

>>> PrefixPostfixTest().__bam__
42
```

앞뒤에 이중 밑줄 문자가 있는 이름은 파이썬에서 특수 용도로 예약되어 있다. 이 규칙은 객체 생성자를 정의하는 __init__이나 객체 호출을 가능하게 만드는 __call__과 같은 메서드에 쓰인다.

이러한 던더 메서드를 마법 메서드라고 부르기도 하지만 나를 포함한 파이썬 커뮤니티의 많은 사람은 그 낱말을 좋아하지 않는다. 그렇게 부르면 던더 메서드 사용을 권장하지 않는다는 것처럼 들리기 때문이다. 던더 메서드는 파이썬의 핵심 기능이며 필요하면 사용해야 한다. 던더 메서드에 '마법적'이거나 신비로운 것은 없다.

어쨌든 향후 파이썬이 버전업되면서 메서드 이름이 변경되거나 새로운 메서드가 추가될 수도 있으니, 충돌을 피하려면 자신의 프로그램에 이중 밑줄 문자로 시작하고 끝나는 이름을 사용하지 않는 것이 가장 좋다.

5. 단독 밑줄 문자: '_'

관례에 따라 변수가 임시적이거나 중요하지 않음을 나타내기 위해 밑줄 문자 하나로 된 이름을 사용하기도 한다.

예를 들어 다음 반복문에서는 인덱스에 접근할 필요가 없으므로 임시적인 값임을 나타내기 위해 '_'을 사용할 수 있다.

```
>>> for _ in range(32):
...     print('Hello, World.')
```

또한 언패킹(unpacking) 표현식에서 단독 밑줄 문자를 사용하여 특정 값을 무시하는 '상관없음(don't care)' 변수로 사용할 수도 있다. 다시 말하면 이 의미는 관례에 따른 것이며 파이썬 파서에서는 특별한 행동을 유발하지 않는다. 단독 밑줄 문자는 이런 용도로 종종 사용되는 유효한 변수 이름이다.

다음 코드 예제에서는 튜플의 값들을 각각의 변수로 풀고(언패킹) 있지만 색상과 주행 거리 필드의 값에만 관심이 있다. 그러나 언패킹 표현식이 성공하려면 튜플에 포함된 모든 값을 변수에 할당해야 한다. 여기서 '_'은 자리 표시용 변수로 유용하다.

```
>>> car = ('red', 'auto', 12, 3812.4)
>>> color, _, _, mileage = car

>>> color
'red'
>>> mileage
3812.4
>>> _
12
```

임시 변수로 사용하는 것 외에도 '_'은 파이썬 REPL(Read-Eval-Print Loop)에서 인터프리터가 구한 마지막 표현식의 결괏값을 나타내는 특수 변수로 사용된다.

인터프리터 세션에서 작업 중이고 이전 계산 결과에 접근하려는 경우 유용하다.

```
>>> 20 + 3
23
>>> _
23
>>> print(_)
23
```

즉석에서 객체를 생성했는데 이름을 지정하지 않고 객체와 상호 작용하려는 경우에도 유용하다.

```
>>> list()
[]
>>> _.append(1)
>>> _.append(2)
>>> _.append(3)
>>> _
[1, 2, 3]
```

요점 정리

- **단일 밑줄 접두사 '_var':** 내부적인 사용을 위한 것이다. 일반적으로 파이썬 인터프리터가 (와일드카드 임포트를 제외하고) 강제하지 않고 프로그래머에게 힌트로 작용한다.
- **단일 밑줄 접미사 'var_':** 관례에 따라 파이썬 키워드와의 이름 충돌을 방지한다.
- **이중 밑줄 접두사 '__var':** 클래스 콘텍스트에서 사용될 때 파이썬 인터프리터에 의해 네임 맹글링이 적용된다.
- **이중 밑줄 접두사와 접미사 '__var__':** 파이썬 언어에서 정의한 특별한 메서드를 나타낸다. 여러분의 클래스 속성에 이 명명법을 사용하지 말자.
- **단독 밑줄 문자 '_':** 때때로 임시 변수나 중요하지 않은 변수('상관없음') 이름으로 사용된다. 또한 파이썬 REPL 세션에서 마지막 표현식의 결과를 나타낸다.

2.5 문자열 형식화에 관한 충격적인 진실

"파이썬의 선(The Zen of Python)"에 나오는 '어떤 일을 하는 분명한 방법은 하나뿐이어야 한다'는 문구를 기억할 것이다. 그런데 파이썬으로 문자열 형식을 지정하는 주요한 방법이 네 가지나 있다는 걸 알게 되면 당황스러울 수도 있다.

이러한 네 가지 문자열 형식화의 동작 방식과 각각의 장단점이 무엇인지 설명하겠다. 또한 내가 선택한 가장 범용적인 문자열 형식화에 대한 '경험적 법칙'을 알려 줄 것이다.

다룰 게 많으니 바로 시작해 보자. 실험을 위한 간단한 예제로 다음 변수(또는 실제로는 상수)가 있다고 가정해 보자.

```
>>> errno = 50159747054
>>> name = 'Bob'
```

그리고 이 변수들을 이용해 다음과 같은 에러 메시지가 출력되도록 문자열을 만들어 보자.

```
'Hey Bob, there is a 0xbadc0ffee error!'
```

자, 저 에러가 정말 월요일 아침부터 개발을 망칠 수 있지만 여기서는 문자열 형식화에 대해 알아보자.

#1. '구식' 문자열 형식화

파이썬의 문자열은 % 연산자를 활용한 독특한 기능을 지원한다. 이 기능을 활용하면 간단한 위치 지정을 쉽고 간편하게 할 수 있다. C 언어의 printf 형식의 함수를 사용해 본 적이 있다면 어떻게 작동하는지 금방 알 수 있다. 다음은 간단한 예제다.

```
>>> 'Hello, %s' % name
'Hello, Bob'
```

여기서는 %s 형식 지정자를 사용해서 name의 값(문자열로 해석함)으로 대체할 위치를 명시했다. 이것을 '구식' 문자열 형식화라고 부른다.

구식 문자열 형식화에서는 이 외에도 출력 문자열을 제어할 수 있는 형식 지정자가 더 있다. 예를 들어 숫자를 십육진수 표기법으로 변환하거나 공백을 추가해서 형식이 지성된 표와 보고서 등을 멋지게 만들 수 있다.[11]

여기서는 정숫값을 십육진수 문자열로 변환하도록 %x 형식 지정자를 사용하겠다.

---

11 파이썬 공식 문서: 'printf-style String Formatting'(https://docs.python.org/3/library/stdtypes.html#old-string-formatting)

```
>>> '%x' % errno
'badc0ffee'
```

단일 문자열에서 여러 개의 치환이 필요하면 '구식' 문자열 형식화 구문을 약간 변경한다. % 연산자는 인자 하나만 사용하기 때문에 오른쪽에 있는 값을 튜플로 감싸야 한다. 다음과 같다.

```
>>> 'Hey %s, there is a 0x%x error!' % (name, errno)
'Hey Bob, there is a 0xbadc0ffee error!'
```

형식 문자열에서 변수를 치환할 때 % 연산자에 지정해 사용하면 이름으로 참조하는 것이 가능하다.

```
>>> 'Hey %(name)s, there is a 0x%(errno)x error!' % {
...     "name": name, "errno": errno }
'Hey Bob, there is a 0xbadc0ffee error!'
```

이렇게 하면 앞으로 문자열 형식을 더 쉽게 관리할 수 있고 수정하기가 쉬워진다. 값을 전달하는 순서와 형식 문자열에서 값을 참조하는 순서가 일치하는지 염려할 필요가 없다. 물론 단점은 타이핑을 좀 더 해야 한다는 것이다.

왜 이런 printf 형식이 '구식'이라는지 궁금해하리라 생각한다. 답을 하자면 기술적으로 곧이어 살펴볼 '신식' 형식화로 대체됐기 때문이다. 그러나 '구식' 형식화를 강조하진 않아도 사라진 건 아니다. 여전히 파이썬 최신판에서도 여전히 지원한다.

#2. '신식' 문자열 형식화

파이썬 3는 새로운 문자열 형식을 도입했고 나중에 파이썬 2.7에도 다시 적용됐다. 이 '신식' 문자열 형식화는 % 연산자가 있는 특수 구문을 없애고 문자열 형식화를 위한 좀 더 규칙적인 구문을 만들었다. 이제 문자열 객체의 format() 함수를 호출해서 형식을 지정할 수 있다.[12]

'구식' 형식화와 마찬가지로 format() 함수를 사용하면 간단한 위치 지정을 할 수 있다.

---

12 파이썬 공식 문서: 'str.format()'(https://docs.python.org/3/library/stdtypes.html#str.format)

```
>>> 'Hello, {}'.format(name)
'Hello, Bob'
```

또는 변수를 이름으로 참조하여 나열 순서에 구애받지 않고 치환할 수 있다. 이것은 format() 함수에 전달된 인자를 변경하지 않고 표시 순서를 재배열할 수 있는 강력한 기능이다.

```
>>> 'Hey {name}, there is a 0x{errno:x} error!'.format(
...     name=name, errno=errno)
'Hey Bob, there is a 0xbadc0ffee error!'
```

또한 정수형 변수를 십육진수 문자열로 바꾸는 문법이 변경됐다. 이제 형식을 지정하려면 변수 이름 뒤에 ':x' 접미사를 붙여야 한다.

전체적으로 편의성을 희생하지 않고도 더 강력한 문법으로 거듭난 것이다. 파이썬 문서에서 형식화 미니 언어에 관해 읽어 보면 도움이 될 것이다.[13]

파이썬 3에서는 이 '신식' 문자열 형식화가 % 스타일의 형식화보다 선호된다. 그러나 파이썬 3.6부터 문자열 형식을 지정하는 더 좋은 방법이 생겼다. 다음 절에서 모두 알려 주겠다.

#3. 리터럴 문자열 삽입(파이썬 3.6 이상)

파이썬 3.6은 형식화된 문자열 리터럴(formatted string literal)이라는 또 다른 문자열 형식 지정 방법을 추가했다. 문자열을 형식화하는 이 새로운 방법을 사용하면 문자열 상수 안에서 파이썬 표현식을 사용할 수 있다. 다음은 이 기능이 무엇인지 감을 잡을 수 있는 간단한 예다.

```
>>> f'Hello, {name}!'
'Hello, Bob!'
```

이 새로운 형식화 문법은 강력하다. 임의의 파이썬 표현식을 내장할 수 있기 때문에 다음과 같이 인라인 산술 연산을 수행할 수도 있다.

```
>>> a = 5
>>> b = 10
```

---

13 파이썬 공식 문서: 'Format String Syntax'(https://docs.python.org/3/library/string.html#string-formatting)

```
>>> f'Five plus ten is {a + b} and not {2 * (a + b)}.'
'Five plus ten is 15 and not 30.'
```

이 코드 뒤에서 벌어지는 일은 다음과 같다. 형식화된 문자열 리터럴은 파이썬 파서의 기능인데 이 기능은 f-문자열을 일련의 문자열 상수와 표현식으로 변환 한다. 그런 다음 최종 문자열을 만들기 위해 결합한다.

f-문자열을 포함하는 greet() 함수가 있다고 가정해 보자.

```
>>> def greet(name, question):
...     return f"Hello, {name}! How's it {question}?"
...

>>> greet('Bob', 'going')
"Hello, Bob! How's it going?"
```

함수를 분해해서 어떤 일이 벌어지는지 살펴보면 함수의 f-문자열이 다음과 비 슷한 형태로 변환되는 것을 볼 수 있다.

```
>>> def greet(name, question):
...     return ("Hello, " + name + "! How's it " +
                question + "?")
```

실제 구현은 BUILD_STRING 명령 코드(opcode)를 사용해 최적화하기 때문에 약 간 더 빠르다.[14] 그러나 기능적으로는 동일하다.

```
>>> import dis
>>> dis.dis(greet)
  2     0 LOAD_CONST.     1 ('Hello, ')
        2 LOAD_FAST       0 (name)
        4 FORMAT_VALUE.   0
        6 LOAD_CONST.     2 ("! How's it ")
        8 LOAD_FAST.      1 (question)
       10 FORMAT_VALUE.   0
       12 LOAD_CONST.     3 ('?')
       14 BUILD_STRING.   5
       16 RETURN_VALUE
```

문자열 리터럴은 str.format() 메서드의 기존 형식 문자열 구문도 지원한다.

---

14 파이썬 3 버그 트래커 이슈 #27078(https://bugs.python.org/issue27078) 참고

이를 통해 앞의 두 절에서 설명한 형식화 문제를 해결할 수 있다.

```
>>> f"Hey {name}, there's a {errno:#x} error!"
"Hey Bob, there's a 0xbadc0ffee error!"
```

파이썬의 새로운 형식화된 문자열 리터럴은 ES2015에 추가된 자바스크립트 템플릿 리터럴과 비슷하다. 나는 이것이 파이썬 언어에 더해진 훌륭한 추가 기능이라고 생각하며, 파이썬 3로 작업할 때는 이미 사용하고 있다. 파이썬 공식 문서에서 형식화된 문자열 리터럴에 대해 더 많이 배울 수 있다.[15]

#4. 템플릿 문자열

파이썬에서 문자열 형식을 지정하는 또 한 가지 기술은 템플릿 문자열이다. 더 간단하면서 덜 강력한 메커니즘이지만 어떤 경우에는 이것이 정확히 여러분이 찾고 있는 기능일 수 있다.

간단한 인사말 예제를 살펴보자.

```
>>> from string import Template
>>> t = Template('Hey, $name!')
>>> t.substitute(name=name)
'Hey, Bob!'
```

파이썬의 내장 string 모듈에서 Template 클래스를 가져와야 한다는 것을 알 수 있다. 템플릿 문자열은 핵심 언어 기능은 아니지만 표준 라이브러리의 모듈에 의해 제공된다.

또 다른 차이점은 템플릿 문자열은 형식 지정자를 허용하지 않는다는 것이다. 그래서 우리의 에러 문자열 예제를 작동시키려면 정수형 에러 번호를 십육진수 문자열로 변환해야 한다.

```
>>> templ_string = 'Hey $name, there is a $error crror!'
>>> Template(templ_string).substitute(
...     name=name, error=hex(errno))
'Hey Bob, there is a 0xbadc0ffee error!'
```

---

15 파이썬 공식 문서: 'Formatted string literals'(https://docs.python.org/3/reference/lexical_analysis.html#f-strings)

잘 동작하지만 파이썬 프로그램에서 템플릿 문자열을 언제 사용하는지 궁금할 것이다. 내가 생각하기에 템플릿 문자열의 가장 좋은 용례는 프로그램 사용자가 생성한 형식 문자열을 처리할 때다. 복잡성이 줄어들기 때문에 템플릿 문자열이 더 안전한 선택이다.

다른 문자열 형식화 기술에서 쓰는 좀 더 복잡한 형식의 미니 언어는 프로그램에 보안 취약성을 초래할 수 있다. 예를 들어 형식 문자열을 통해 프로그램 안에 있는 임의의 변수에 접근할 수 있다.

악의적인 사용자가 형식 문자열을 제공할 수 있다면 잠재적으로 비밀 키 및 기타 민감한 정보가 유출될 수 있다! 다음은 이 공격법에 대한 간단한 개념 증명이다.

```
>>> SECRET = 'this-is-a-secret'
>>> class Error:
...     def __init__(self):
...         pass
>>> err = Error()
>>> user_input = '{error.__init__.__globals__[SECRET]}'

# 어, 이런….
>>> user_input.format(error=err)
'this-is-a-secret'
```

가상의 공격자가 형식 문자열에서 __globals__ 딕셔너리에 접근하여 비밀 문자열을 추출할 수 있었다. 무섭지 않은가! 템플릿 문자열은 이 공격 경로를 차단한다. 따라서 사용자 입력을 받아 생성되는 형식 문자열을 처리해야 한다면 템플릿 문자열 방식이 더 안전한 선택일 수 있다.

```
>>> user_input = '${error.__init__.__globals__[SECRET]}'
>>> Template(user_input).substitute(error=err)
ValueError:
"Invalid placeholder in string: line 1, col 1"
```

어떤 문자열 형식화를 사용해야 하는가?

파이썬에서 문자열을 형식화하는 방법이 다양해 혼란스러울 것이다. 순서도를 그려야겠다고 생각할지도 모르겠다.

그러나 나는 그렇게 하지 않겠다. 내가 파이썬을 쓸 때 활용하는 간단한 경험 법칙을 알려 주려 한다.

자, 어떤 형식화를 사용해야 할지 결정하기 어려울 때면 언제든, 처한 상황에 맞춰 다음의 경험 법칙을 활용해 보자.

> **댄 베이더의 파이썬 문자열 형식화 규칙:**
> 형식 문자열이 사용자가 제공한 것인 경우 템플릿 문자열을 사용하여 보안 문제를 방지하라. 그렇지 않고 파이썬 3.6 이상을 사용하는 경우 리터럴 문자열 삽입을 사용하라. 파이썬 3.6 이상을 쓰지 않는다면 '신식' 문자열 형식화를 사용하라.

요점 정리

- 놀랍게도 파이썬에서 문자열 형식을 처리하는 방법은 여러 가지가 있다.
- 각 방법에는 저마다 장단점이 있다. 따라서 상황에 맞는 방법을 사용해야 한다.
- 사용할 문자열 형식화를 결정하기 어려우면 내가 제안한 문자열 형식화 규칙을 시도해 보라.

2.6 "파이썬의 선" 이스터 에그

파이썬 책들을 읽다 보면 팀 피터스(Tim Peters)의 "파이썬의 선"이 인용된 것을 자주 볼 수 있다. 이 글을 피할 방법은 없다. 나는 수년에 걸쳐 이 글을 보면서 도움을 받았고 팀의 글은 나를 더 나은 개발자로 만들었다고 생각한다. 여러분에게도 똑같기를 바란다.

또한 "파이썬의 선"은 파이썬 언어에 이스터 에그로 포함돼 있기 때문에 중요하다고 말할 수 있다. 파이썬 인터프리터 세션에 들어가서 다음을 실행해 보자.

```
>>> import this
```

파이썬의 선, 팀 피터스 씀

아름다움이 추함보다 좋다.

명시적인 것이 암시적인 것보다 좋다.

단순함이 복잡함보다 좋다.

복잡함이 꼬인 것보다 좋다.

수평적인 것이 중첩된 것보다 좋다.

여유로운 것이 밀집된 것보다 좋다.

가독성은 중요하다.

특별한 경우라고 해도 규칙을 어겨야 할 정도로 특별하지 않다.

비록 실용적인 이득이 이상보다 크더라도.

에러 앞에서 절대 침묵하지 말지어다.

의도적으로 침묵했음을 명시하지 않았다면.

모호함을 앞에 두고 이를 유추하겠다는 유혹을 버리라.

어떤 일에든 바람직하며 명확한 한 가지 방법이 존재한다.

비록 자신이 우둔하여 그 방법이 처음에는 명확해 보이지 않을지라도.

지금 하는 것이 아예 안 하는 것보다 낫다.

아예 안 하는 것이 지금 당장 하는 것보다 나을 때도 있지만.

구현 결과를 설명하기 어렵다면 그 아이디어는 나쁘다.

구현 결과를 설명하기 쉽다면 그 아이디어는 좋은 아이디어일 수 있다.

네임스페이스는 매우 좋은 아이디어다. 많이 사용하라!

3장

효과적인 함수

3.1 파이썬 함수는 일급 객체다

파이썬의 함수는 일급 객체(first-class object)다. 변수에 할당하고 데이터 구조에 저장하고 인자로 다른 함수에 전달하고 다른 함수의 값에서 반환할 수도 있다.

이 개념을 완전히 이해하면 람다(lambda)와 데코레이터 같은 파이썬의 고급 기능을 훨씬 쉽게 이해할 수 있다. 또한 함수형 프로그래밍 기법을 배우는 데 참고가 될 수도 있다.

이러한 내용을 완전히 이해할 수 있도록 다음 몇 쪽에 걸쳐서 여러 예제를 보여 줄 것이다. 첫 예제를 기초로 그 뒤의 예제들을 만들 것이라서 순서대로 읽는 것이 좋고 필요하면 파이썬 인터프리터 세션에서 그중 일부를 실행해 보기 바란다.

여기에서 이야기할 개념을 이해하려면 예상보다 오래 걸릴 수 있다. 하지만 걱정하지 말자. 처음에는 이해하기 어려운 게 보통이다. 나도 그랬다. 불가능한 일을 시도하는 것처럼 느껴지다가 '아하' 하면서 갑자기 분명하게 이해됐다.

이 장 전반에서 시연 목적으로 yell 함수를 사용할 것이다. 다음은 이 함수의 정의와 그 기능을 쉽게 알아볼 수 있도록 구성한 간단한 예제다.

```python
def yell(text):
    return text.upper() + '!'
```

```
>>> yell('hello')
'HELLO!'
```

함수는 객체다

파이썬 프로그램의 모든 데이터는 객체 또는 객체 간의 관계로 표현된다.[1] 문자열, 리스트, 모듈 및 함수 같은 것은 모두 객체다. 파이썬에서 함수에 특별한 것은 없다. 단지 객체일 뿐이다.

　yell 함수는 객체이기 때문에 다른 객체와 마찬가지로 다른 변수에 할당할 수 있다.

```
>>> bark = yell
```

이 라인은 함수를 호출하지는 않는다. yell이 참조하는 함수 객체를 취하여 그것을 가리키는 두 번째 이름인 bark를 만든다. 다음과 같이 bark를 호출하여 동일한 함수 객체를 실행할 수도 있다.

```
>>> bark('woof')
'WOOF!'
```

함수 객체와 함수 이름은 별개다. 증거가 있다. 함수의 원래 이름(yell)을 삭제할 수 있는데, 다른 이름(bark)이 여전히 동일한 로직의 함수를 가리키고 있기 때문에 여전히 함수를 호출할 수 있다.

```
>>> del yell
```

```
>>> yell('hello?')
NameError: "name 'yell' is not defined"
```

```
>>> bark('hey')
'HEY!'
```

그런데 파이썬은 디버깅을 목적으로 모든 함수를 생성할 때 문자열 식별자를 붙인다. __name__ 속성을 사용하여 이 내부 식별자에 접근할 수 있다.[2]

1　파이썬 공식 문서: 'Objects, values and types'(https://docs.python.org/3/reference/datamodel.html#objects-values-and-types)
2　파이썬 3.3 이후에는 __qualname__도 비슷한 목적을 가지고 있으며 함수와 클래스명을 명확히 하기 위한 한정된 이름 문자열을 제공한다(PEP 3155 참고).

```
>>> bark.__name__
'yell'
```

함수의 __name__은 여전히 'yell'이지만 코드에서 함수 객체에 접근하는 방법에는 영향을 미치지 않는다. 이름 식별자는 디버깅용일 뿐이다. '함수를 가리키는 변수'와 '함수 자체'는 실제로 서로 별개의 대상이다.

함수는 데이터 구조에 저장할 수 있다

함수는 파이썬 세계에서 일급 시민이므로 다른 객체와 마찬가지로 함수를 데이터 구조에 저장할 수 있다. 예를 들어 리스트에 함수를 추가할 수 있다.

```
>>> funcs = [bark, str.lower, str.capitalize]
>>> funcs
[<function yell at 0x10ff96510>,
 <method 'lower' of 'str' objects>,
 <method 'capitalize' of 'str' objects>]
```

리스트에 저장된 함수 객체에 접근하는 방법 역시 다른 타입의 객체에 접근하는 방법과 똑같다.

```
>>> for f in funcs:
...     print(f, f('hey there'))
<function yell at 0x10ff96510> 'HEY THERE!'
<method 'lower' of 'str' objects> 'hey there'
<method 'capitalize' of 'str' objects> 'Hey there'
```

변수에 따로 할당하지 않고도 리스트 안의 함수 객체를 곧장 호출할 수도 있다. 다음은 리스트에서 함수를 찾고 곧바로 호출하는 일까지를 하나의 표현식에서 처리하는 모습이다.

```
>>> funcs[0]('heyho')
'HEYHO!'
```

함수는 다른 함수로 전달할 수 있다

함수는 객체이므로 다른 함수에 인자로 전달할 수 있다. 다음 greet 함수는 전달된 함수 객체를 사용하여 인사말 문자열을 형식화해서 출력한다.

```python
def greet(func):
    greeting = func('Hi, I am a Python program')
    print(greeting)
```

다른 함수를 전달하여 결과 인사말에 영향을 줄 수 있다. bark 함수를 greet 함수에 전달하면 다음과 같은 일이 발생한다.

```python
>>> greet(bark)
'HI, I AM A PYTHON PROGRAM!'
```

물론 다양한 인사말을 생성하는 새로운 함수를 정의할 수도 있다. 예를 들어 인사말이 대문자로 나오는 게 부담스러우면 다음 whisper 함수가 더 나을 수 있다.

```python
def whisper(text):
    return text.lower() + '...'
```
```python
>>> greet(whisper)
'hi, i am a python program...'
```

함수 객체를 다른 함수에 인자로 전달하는 기능은 강력하다. 함수가 수행하는 동작을 추상화해서 전달할 수 있기 때문이다. 이 예제에서 greet 함수는 동일하게 유지되지만 다른 인사말 동작을 전달하여 출력에 영향을 줄 수 있었다.

다른 함수를 인자로 받을 수 있는 함수를 '고차 함수(higher-order function)'라고도 하며 함수형 프로그래밍 스타일에서 필요하다.

파이썬에서 고차 함수에 대한 고전적인 예는 내장된 map 함수다. map 함수는 함수 객체와 반복 가능 객체를 취한 다음, 반복 가능 객체의 각 요소에 대해 함수를 호출하여 결과를 산출한다.

다음은 일련의 인사말에 bark 함수를 매핑하여 한번에 형식을 변경하는 방법이다.

```python
>>> list(map(bark, ['hello', 'hey', 'hi']))
['HELLO!', 'HEY!', 'HI!']
```

앞에서 보았듯이 map은 전체 목록을 살펴보고 각 요소에 bark 함수를 적용했다. 결과적으로 인사말 문자열이 수정된 새 리스트 객체가 생겼다.

함수는 중첩될 수 있다

놀랍게도 파이썬은 다른 함수 안에서 함수를 정의할 수 있다. 이를 종종 '중첩 함수' 또는 '내부 함수'라고 한다. 다음은 그 예다.

```
def speak(text):
    def whisper(t):
        return t.lower() + '...'
    return whisper(text)

>>> speak('Hello, World')
'hello, world...'
```

자, 여기서 무슨 일이 일어날까? speak 함수가 불릴 때마다 새로운 내부 함수인 whisper를 정의한 다음 즉시 호출한다. 머리에서 쥐가 나기 시작하지만 비교적 간단한 상황이다.

그런데 여기에 뜻밖의 내용이 있다. whisper 함수는 speak 바깥에서는 존재하지 않는다.

```
>>> whisper('Yo')
NameError:
"name 'whisper' is not defined"

>>> speak.whisper
AttributeError:
"'function' object has no attribute 'whisper'"
```

외부에서 speak 함수에 감싸진 whisper 함수에 접근하려면 어떻게 해야 할까? 함수는 객체다. 그러므로 내부 함수를 부모 함수의 호출자에 반환할 수 있다.

예를 들어 다음은 내부 함수 두 개를 정의하는 함수로, 최상위 함수에 전달된 인자에 따라 내부 함수 중 하나를 선택하여 호출자에 반환한다.

```
def get_speak_func(volume):
    def whisper(text):
        return text.lower() + '...'
    def yell(text):
        return text.upper() + '!'
    if volume > 0.5:
        return yell
    else:
        return whisper
```

get_speak_func가 실제로 내부 함수를 호출하지 않는 모습에 주목하자. volume 인자를 기반으로 적절한 내부 함수를 선택하고 함수 객체를 반환할 뿐이다.

```
>>> get_speak_func(0.3)
<function get_speak_func.<locals>.whisper at 0x10ae18>

>>> get_speak_func(0.7)
<function get_speak_func.<locals>.yell at 0x1008c8>
```

물론 반환된 함수를 곧장 호출할 수도 있고, 다음과 같이 변수에 할당했다가 나중에 호출할 수도 있다.

```
>>> speak_func = get_speak_func(0.7)
>>> speak_func('Hello')
'HELLO!'
```

이 내용을 잠시 살펴보자. 이것은 함수가 인자를 통해 동작을 전달해 줄 뿐 아니라 동작을 반환할 수 있음을 의미한다. 얼마나 멋진가?

머리가 핑 돌기 시작할 것이다. 글을 계속 이어 나가기 전에 나는 커피를 잠시 마시러 갈 테니 여러분도 그렇게 하길 권한다.

함수는 지역 상태를 포착할 수 있다

방금 함수가 내부 함수를 포함할 수 있는 방법과 부모 함수에서 이러한 숨겨진 내부 함수를 반환하는 방법을 보았다.

조금 더 어려워질 수 있으니 정신을 집중하자. 이제는 좀 더 함수형 프로그래밍 영역으로 진입하려고 한다(커피를 마시며 머리를 식혔나?).

함수는 다른 함수를 반환할 수 있을 뿐 아니라 이러한 내부 함수는 부모 함수의 상태를 포착해 전달할 수 있다. 이게 무슨 뜻일까?

이 뜻을 설명하기 위해 이전 get_speak_func 예제를 약간 재작성하려고 한다. 새 버전에서는 volume과 text 인자를 사용하여 반환된 함수를 바로 호출할 수 있게 했다.

```
def get_speak_func(text, volume):
    def whisper():
        return text.lower() + '...'
```

```
    def yell():
        return text.upper() + '!'
    if volume > 0.5:
        return yell
    else:
        return whisper

>>> get_speak_func('Hello, World', 0.7)()
'HELLO, WORLD!'
```

이제 내부 함수 whisper와 yell을 잘 살펴보자. 더 이상 text 매개 변수가 없는 것에 주목하자. 하지만 어떻게든 부모 함수에서 정의된 text 매개 변수에 계속 접근할 수 있다. 마치 인자의 값을 포착하고 '기억'하는 것처럼 보인다.

이렇게 동작하는 함수를 렉시컬 클로저(lexical closure) 또는 짧게 클로저라고 한다. 클로저는 프로그램 흐름이 더 이상 해당 범위에 있지 않은 경우에도 둘러싼 어휘(lexical) 범위 안의 값들을 기억한다.

실용적인 측면에서 이것은 함수가 동작을 반환할 수 있을 뿐 아니라 그러한 동작을 사전에 구성할 수도 있음을 의미한다. 이 아이디어를 설명하기 위한 또 다른 예를 살펴보자.

```
def make_adder(n):
    def add(x):
        return x + n
    return add

>>> plus_3 = make_adder(3)
>>> plus_5 = make_adder(5)

>>> plus_3(4)
7
>>> plus_5(4)
9
```

이 예제에서 make_adder는 '가산기'를 만들고 구성하는 '팩터리' 역할을 한다. 가산기 함수들이 make_adder 함수(감싸진 범위)의 n 인자에 어떻게 접근하는지 주목하자.

객체는 함수처럼 동작할 수 있다

모든 함수는 파이썬에서 객체이지만 그 반대는 사실이 아니다. 객체는 함수가 아니다. 그러나 객체를 '호출 가능'하게 만들 수는 있다. 이렇게 하면 많은 경우 객체를 '함수처럼 취급'할 수 있다.

객체가 호출 가능하다는 말은 객체에 둥근 괄호 형식의 함수 호출 문법을 사용하고 인자를 전달할 수 있음을 의미한다. 이 기능은 모두 __call__ 던더 메서드로 구동된다. 다음은 호출 가능한 객체를 정의하는 클래스의 예다.

```python
class Adder:
    def __init__(self, n):
        self.n = n
    def __call__(self, x):
        return self.n + x

>>> plus_3 = Adder(3)
>>> plus_3(4)
7
```

객체를 함수처럼 '호출'하면 그 내부에서는 해당 객체의 __call__ 메서드가 실행된다.

물론 모든 객체를 호출할 수 있지는 않다. 그래서 객체가 호출 가능한지 확인해 주는 callable이라는 내장 함수가 준비되어 있다.

```python
>>> callable(plus_3)
True
>>> callable(yell)
True
>>> callable('hello')
False
```

요점 정리

- 파이썬에서는 모든 게 객체인데 함수도 마찬가지다. 함수를 변수에 할당하고 데이터 구조에 저장하고 다른 함수로 전달하거나 다른 함수로부터 반환받을 수 있다(일급 함수).
- 일급 함수를 사용하면 프로그램의 동작을 추상화해 전달할 수 있다.
- 함수는 중첩될 수 있으며 부모 함수의 일부 상태를 포착하여 전달할 수 있다. 이를 수행하는 함수를 클로저라고 한다.
- 객체를 호출 가능하게 만들 수 있다. 이 경우 객체를 함수처럼 취급할 수 있다.

3.2 람다는 단일 표현식 함수다

파이썬의 lambda 키워드는 작은 익명의 함수를 선언하기 위한 손쉬운 방법이다. 람다(lambda) 함수는 def 키워드로 선언된 일반 함수처럼 작동하며 함수 객체가 필요할 때마다 사용할 수 있다.

예를 들어 다음은 덧셈을 수행하는 간단한 람다 함수 정의 방법이다.

```
>>> add = lambda x, y: x + y
>>> add(5, 3)
8
```

def 키워드를 사용하여 동일한 add 함수를 선언할 수 있지만 약간 장황하게 작성해야 한다.

```
>>> def add(x, y):
...     return x +. y
>>> add(5, 3)
8
```

"왜 람다에 대해 야단법석일까? def로 함수를 선언하는 것보다 조금 간결한 버전이라면 그게 대단한 걸까?" 이제 여러분은 이런 것들을 궁금해할 것이다.

함수 표현식이라는 말을 염두에 두고 다음 예를 살펴보자.

```
>>> (lambda x, y: x + y)(5, 3)
8
```

자, 어떤 일이 생긴 걸까? 방금 lambda를 사용하여 '더하기' 함수를 정의한 다음 인자 5와 3을 사용하여 즉시 호출했다.

개념적으로 람다 표현식 lambda x, y: x + y는 def를 사용하여 함수를 선언하는 것과 동일하지만 인라인으로 작성됐다. 주요 차이점은 함수 객체를 사용하기 앞서 함수 객체를 이름에 바인딩할 필요가 없다는 것이다. 간단히 말해서 람다의 일부로 계산하고자 하는 표현을 말한 다음, 람다 표현식을 일반 함수처럼 호출하여 이를 즉시 평가했다.

계속 진행하기 전에 앞의 코드 예제를 조금만 돌려 보면 실제로 의미하는 바를 알 수 있을 것이다. 나도 이걸 이해하느라 시간이 좀 걸렸다. 그러니 걱정하지 말고 실습을 좀 해 보자. 그만한 가치가 있을 것이다.

람다와 일반 함수 정의 사이에는 또 다른 문법적 차이가 있다. 람다 함수는 단일 표현식으로 제한된다. 즉 람다 함수에는 명령문(statement)이나 주석을 사용할 수 없으며 return 문도 사용할 수 없다.

그러면 람다에서 어떻게 값을 돌려줄까? 람다 함수를 실행하면 표현식을 평가한 다음 표현식의 결과를 자동으로 반환하므로 항상 '암시적' 반환 구문이 있는 셈이다. 그래서 람다를 '단일 표현식 함수'라고 부르는 사람들이 있다.

람다를 사용할 수 있는 경우

언제 람다 함수를 사용해야 할까? 기술적으로 함수 객체를 제공해야 할 때마다 람다 표현식을 사용할 수 있다. 그리고 람다는 익명이기 때문에 제일 먼저 이름을 부여할 필요조차 없다.

람다는 함수를 정의하는 데 편리하고 '비격식적인' 지름길을 제공한다. 가장 흔한 람다 사용 사례는 대체 키로 리스트를 정렬하기 위한 짧고 간결한 key 함수를 작성하는 것이다.

```
>>> tuples = [(1, 'd'), (2, 'b'), (4, 'a'), (3, 'c')]
>>> sorted(tuples, key=lambda x: x[1])
[(4, 'a'), (2, 'b'), (3, 'c'), (1, 'd')]
```

앞의 예제는 각 튜플의 두 번째 값으로 튜플 목록을 정렬한다. 이 경우 람다 함수는 정렬 순서를 빠르게 수정할 수 있는 방법을 제공한다. 다음은 또 다른 정렬 예제다.

```
>>> sorted(range(-5, 6), key=lambda x: x * x)
[0, -1, 1, -2, 2, -3, 3, -4, 4, -5, 5]
```

내가 보여 준 두 예제 모두 파이썬에 내장된 operator.itemgetter()와 abs() 함수를 사용하여 더 간결하게 구현할 수 있다. 하지만 람다를 사용하면 좀 더 유연하다는 점도 알아 두기 바란다. 임의의 계산된 키로 시퀀스를 정렬하고 싶은가? 문제없다. 여러분은 이미 그 방법을 알고 있다.

람다에는 또 다른 흥미로운 점이 있다. 일반적인 중첩 함수처럼 람다는 렉시컬 클로저로도 동작한다.

렉시컬 클로저란 무엇인가? 이것은 프로그램 흐름이 해당 범위를 벗어났을 때도 해당 어휘 범위의 값을 기억하는 함수를 가리키는 멋진 이름이다. 다음은 이 아이디어를 설명하기 위한 (상당히 학술적인) 예제다.

```
>>> def make_adder(n):
...     return lambda x: x + n

>>> plus_3 = make_adder(3)
>>> plus_5 = make_adder(5)

>>> plus_3(4)
7
>>> plus_5(4)
9
```

앞선 예제에서 x + n 람다는 make_adder 함수(둘러싼 범위)에 정의되어 있어도 n의 값에 계속 접근할 수 있다.

가끔 def 키워드로 선언된 중첩 함수 대신 람다 함수를 사용하면 프로그래머의 의도를 더 명확하게 나타낼 수 있지만, 솔직히 말해 흔한 경우는 아니다. 적어도 나는 이 방식을 좋아하지 않는다. 그럼 좀 더 이야기해 보자.

람다 함수를 자제해야 하는 경우

파이썬의 람다 함수를 살펴보는 데 흥미를 느끼기를 바라지만 다른 한편으로는 또 다른 경고를 할 때가 됐다고 느낀다. 람다 함수는 자주 사용하지 말아야 하고 사용할 때 특별한 주의를 기울여야 한다.

'멋지게' 보이는 람다로 코드를 꽤 짰는데 실제로는 나와 내 동료에게 빚이 된 적이 있었다. 람다를 사용하고 싶은 유혹이 든다면 잠시 시간을 내서 그 방법이 원하는 결과를 얻기 위한 가장 깨끗하고 유지 보수가 잘 되는 방법인지 생각해 보자.

예를 들어 거우 코드 두 줄을 줄이기 위해 다음처럼 작성하면 바보다. 물론 기술적으로는 효과가 있으며 '트릭'으로도 충분히 멋있다. 하지만 빠듯한 마감일에 쫓겨 버그를 수정해야 하는 사람은 혼란스러워할 것이다.

```
# 나쁜 코드
>>> class Car:
...     rev = lambda self: print('Wroom!')
...     crash = lambda self: print('Boom!')

>>> my_car = Car()
>>> my_car.crash()
'Boom!'
```

나는 람다를 사용한 복잡한 map()이나 filter() 구조에서도 비슷한 감정을 느낀다. 대개 리스트 내포식(list comprehension) 또는 제너레이터 표현식을 사용하는 것이 훨씬 깔끔하다.

```
# 나쁜 코드
>>> list(filter(lambda x: x % 2 == 0, range(16)))
[0, 2, 4, 6, 8, 10, 12, 14]

# 더 나은 코드
>>> [x for x in range(16) if x % 2 == 0]
[0, 2, 4, 6, 8, 10, 12, 14]
```

람다 표현식을 사용해 복잡한 작업을 하고 있다면 적절한 이름으로 독립형 함수를 정의하는 것이 좋다.

길게 보면 타이핑을 줄이는 건 크게 중요하지 않으며, 여러분의 동료(그리고 미래의 자신)는 간결한 마법보다 깨끗하고 판독 가능한 코드를 높이 평가할 것이다.

요점 정리

- 람다 함수는 이름에 묶이지 않은(익명) 단일 표현식 함수다.
- 람다 함수는 일반적인 파이썬 문을 사용할 수 없고 항상 암시적 return 문을 포함한다.
- 일반(이름 지어진) 함수 또는 리스트 내포식을 사용하면 더 명확하게 되는가? 이렇게 항상 자신에게 질문하라.

3.3 데코레이터의 힘

파이썬의 코어에서 데코레이터는 호출 가능 객체(함수, 메서드, 클래스)를 영구적으로 수정하지 않고도 그 동작을 확장, 수정할 수 있게 한다.

기존 클래스나 함수의 동작에 일반적인 기능을 덧붙이고 싶을 때 데코레이터가 유용하다. 다음과 같은 예가 있다.

- 로그 남기기
- 접근 제어와 인증 시행
- 계측 및 시간 측정
- 비율 제한
- 캐싱 및 기타

자, 왜 데코레이터 사용을 마스터해야 할까? 방금 언급한 내용이 매우 추상적으로 들려서 일상적인 작업에서 데코레이터가 파이썬 개발자에게 어떤 이점을 줄 수 있는지 감이 오지 않을지도 모른다. 좀 더 실제적인 예를 들어 명확하게 설명해 보겠다.

보고서 생성 프로그램에 비즈니스 로직 관련 함수가 30개 있다고 가정해 보자. 비 내리는 월요일 아침에 사장이 느닷없이 말한다. "즐거운 월요일입니다! 그 TPS 보고서 기억하죠? 보고서 생성기의 각 단계에 입출력 로깅을 추가해야 합니다. XYZ 회사에서 감사 목적으로 필요합니다. 아, 그리고 수요일까지 보내 줄 수 있다고 말했어요."

파이썬 데코레이터를 잘 모른다면 혈압이 치솟을 것이고 확실히 이해하고 있다면 침착함을 유지할 수 있을 것이다.

데코레이터를 사용하지 않으면 앞으로 사흘간 함수 30개 각각에 로직을 어지럽히는 로깅 호출을 수작업으로 추가하며 보내야 할지도 모른다. 즐거운 시간이 될까?

그러나 데코레이터를 알고 있다면 침착하게 미소 지으며 이렇게 말할 것이다. "걱정 마세요. 오늘 오후 두 시까지 마치겠습니다."

그리고 나서 바로 범용 @audit_log 데코레이터(약 열 줄) 코드를 작성하고 각 함수 정의 앞에 빠르게 붙여 넣는다. 그런 다음 코드를 커밋하고 커피 한 잔을 마신다.

약간 과장한 이야기지만 데코레이터는 그 정도로 강력하다. 진지한 파이썬 프로그래머에게는 데코레이터를 이해하는 것이 획기적인 사건이라고 말할 수 있다. 데코레이터를 이해하려면 일급 함수의 속성을 포함하여 파이썬 언어에서 몇 가지 고급 개념을 확실하게 파악해야 한다.

데코레이터가 파이썬에서 어떻게 작동하는지 이해하면 그 보상이 엄청나다고 나는 믿는다.

물론 처음에는 데코레이터를 이해하기가 쉽지 않다. 하지만 데코레이터는 서드 파티 프레임워크와 파이썬 표준 라이브러리에서 자주 접하는 매우 유용한 기능이다. 데코레이터를 어떻게 설명하느냐는 좋은 파이썬 튜토리얼을 만드는 데 성패를 좌우하는 부분이다. 나는 여러분에게 단계별로 소개하기 위해 최선을 다할 것이다.

본격적으로 시작하기 전에 파이썬 일급 함수의 특성을 다시 떠올려 보자. 이 책의 3.1절에서 그 내용을 설명했으니 몇 분만 시간을 내어 검토해 보기를 권한다. 데코레이터를 이해하는 데 있어 가장 중요한 일급 함수의 내용은 다음과 같다.

- **함수는 객체다**: 변수에 할당되고 다른 함수로 전달되거나 다른 함수로부터 반환될 수 있다.
- **함수는 다른 함수 내부에서 정의될 수 있다**: 자식 함수는 부모 함수의 로컬 상태를 포착할 수 있다(클로저).

좋다. 준비됐는가? 시작하자.

파이썬 데코레이터 기초

정말로 데코레이터란 무엇인가? 데코레이터는 다른 함수를 '장식'하거나 '포장'하고, 감싼 함수가 실행되기 전과 후에 다른 코드를 실행할 수 있게 한다.

데코레이터를 사용하면 재사용 가능한 빌딩 블록을 정의할 수 있는데 그 블록으로 다른 함수의 동작을 변경하거나 확장할 수 있다. 그리고 감싼 함수 자체를 영구적으로 수정하지 않고도 그렇게 할 수 있다. 함수의 동작은 장식되었을 때만 바뀐다.

간단한 데코레이터 구현은 어떤 모양일까? 기본적으로 데코레이터는 호출 가능 객체를 입력받아 다른 호출 가능 객체를 반환하는 호출 가능 객체다.

다음 함수는 이러한 속성을 지니며 여러분이 작성할 수 있는 가장 간단한 데코레이터라고 할 수 있다.

```
def null_decorator(func):
    return func
```

보이는 대로 null_decorator는 호출 가능하며(함수) 다른 호출 가능 객체를 입력받아 그 호출 가능 객체를 수정하지 않고 반환한다.

이 함수로 다른 함수를 꾸며(감싸) 보자.

```
def greet():
    return 'Hello!'

greet = null_decorator(greet)

>>> greet()
'Hello!'
```

이 예제에서는 greet 함수를 정의한 직후 null_decorator 함수를 실행하여 장식했다. 그다지 유용해 보이는 코드는 아니다. 우리는 쓸모없는 널 데코레이터를 만들었다. 그러나 잠시 후 이 예제를 살펴보면서 파이썬의 특별한 데코레이터 구문이 어떻게 작동하는지 명확히 알려 줄 것이다.

null_decorator를 명시적으로 호출해서 greet 변수를 다시 할당하는 대신 파이썬의 @ 구문을 사용하여 함수를 더 편리하게 꾸밀 수 있다.

```
@null_decorator
def greet():
    return 'Hello!'

>>> greet()
'Hello!'
```

@null_decorator 행을 함수 정의 앞에 두는 것은 함수를 먼저 정의한 다음 데코레이터를 거치는 것과 같다. 간편 문법인 @ 구문은 널리 활용되는 이 패턴을 간편하게 적용할 수 있는 지름길이다.

@ 구문을 사용하면 정의 시간에 즉시 함수가 장식된다. 이로 인해 까다로운

해킹을 하지 않으면 장식되지 않은 원본에 접근하기가 어려워진다. 따라서 장식되지 않은 원본을 호출하는 기능을 유지하고 싶은 함수라면 @ 구문을 사용하지 않고 직접 장식하기도 한다.

데코레이터는 동작을 수정할 수 있다

이제는 데코레이터 구문에 조금 더 익숙해졌으므로 실제로 뭔가 수행하고 장식된 함수의 동작을 수정하는 다른 데코레이터를 작성해 보자.

다음은 장식된 함수의 결과를 대문자로 변환하는 약간 더 복잡한 데코레이터다.

```python
def uppercase(func):
    def wrapper():
        original_result = func()
        modified_result = original_result.upper()
        return modified_result
    return wrapper
```

널 데코레이터처럼 입력 함수를 반환하는 대신 이 uppercase 데코레이터는 새로운 함수(클로저)를 즉석에서 정의해 입력 함수를 감쌈으로써, 나중에 호출될 때 함수의 동작이 달라지게 한다.

wrapper 클로저는 장식되지 않은 입력 함수에 접근할 수 있으며 입력 함수를 호출하기 전후에 추가 코드를 자유롭게 실행할 수 있다(기술적으로는 입력 함수를 아예 호출하지 않아도 된다).

이제까지는 장식된 함수가 한 번도 실행된 적이 없다는 점에 유의하자. 실제로 이 시점에서 입력 함수를 호출하면 아무런 의미가 없다. 우리는 결과적으로 데코레이터가 호출될 때 데코레이터가 입력 함수의 동작을 수정할 수 있게 하려고 한다.

잠시 기운이 빠질 수도 있다. 이게 얼마나 복잡한지 알지만 함께 해결할 것이다. 약속한다.

uppercase 데코레이터가 작동하는 모습을 볼 시간이다. 이 데코레이터로 본래의 greet 함수를 꾸미면 어떻게 될까?

```
@uppercase
def greet():
    return 'Hello!'

>>> greet()
'HELLO!'
```

여러분이 기대한 결과이길 바란다. 방금 일어난 일을 자세히 살펴보자. null_
decorator와는 달리 uppercase 데코레이터는 함수를 장식할 때 다른 함수 객체
를 반환한다.

```
>>> greet
<function greet at 0x10e9f0950>

>>> null_decorator(greet)
<function greet at 0x10e9f0950>

>>> uppercase(greet)
<function uppercase.<locals>.wrapper at 0x76da02f28>
```

그리고 앞에서 보았듯이 데코레이터가 마침내 호출될 때 장식된 함수의 동작
을 수정하려면 클로저를 만드는 작업을 수행해야 한다. uppercase 데코레이터
는 함수 자체다. 그리고 그것이 장식하는 입력 함수의 '미래 행동'에 영향을 주
는 유일한 방법은 입력 함수를 클로저로 대체하는(감싸는) 것이다.

 이것이 바로 uppercase 데코레이터가 나중에 호출되어 원래의 입력 함수를
실행하고 그 결과를 수정할 수 있는 다른 함수(클로저)를 정의하고 반환하는
이유다.

 데코레이터는 감싼 클로저를 통해 호출 가능 객체의 동작을 수정하므로 원
본을 영구적으로 수정할 필요가 없다. 원래의 호출 가능 객체는 전혀 수정되지
않으며 장식될 때만 동작이 변경된다.

 이를 통해 로그 남기기 및 기타 계측과 같은 재사용 가능한 빌딩 블록을 기존
함수와 클래스에 추가할 수 있다. 데코레이터는 강력한 기능이므로 파이썬 표
준 라이브러리 및 서드 파티 패키지에서 자주 사용된다.

짧은 휴식

이쯤 되면 커피 한잔이 생각나거나 잠시 산책을 다녀오고 싶다는 생각이 들 수

있는데, 완전히 정상이다. 내 생각에 클로저와 데코레이터는 파이썬에서 가장
이해하기 어려운 개념 중 일부다.

바로 이해하지 못했다고 걱정하지 말고 마음을 느긋하게 먹자. 인터프리터 세
션에서 코드 예제를 하나씩 가지고 놀아 보면 이해하는 데 도움이 된다.

여러분도 할 수 있다!

다중 데코레이터를 함수에 적용하기

아마 놀랍지 않겠지만 한 함수에 데코레이터를 하나 이상 적용할 수 있다. 이
렇게 하면 효과가 누적되므로 데코레이터를 재사용 가능한 빌딩 블록으로써
유용하게 활용할 수 있다.

다음 예제를 보자. 다음 두 데코레이터는 장식된 함수의 출력 문자열을
HTML 태그로 감싼다. 이 데코레이터들을 적용해 태그가 어떻게 중첩되는지
살펴보면 파이썬이 여러 데코레이터를 어떤 순서로 적용하는지 알 수 있다.

```python
def strong(func):
    def wrapper():
        return '<strong>' + func() + '</strong>'
    return wrapper

def emphasis(func):
    def wrapper():
        return '<em>' + func() + '</em>'
    return wrapper
```

이제 이 두 개의 데코레이터를 greet 함수에 동시에 적용해 보자. 다음과 같이
일반 @ 구문을 사용해서 함수 위에 여러 데코레이터를 '쌓을(stack)' 수 있다.

```python
@strong
@emphasis
def greet():
    return 'Hello!'
```

장식된 함수를 실행하면 어떤 결과가 출력될까? @emphasis 데코레이터가 먼저
<em> 태그를 추가할까? 아니면 @strong이 우선일까? 다음은 장식된 함수를 호
출할 때 일어나는 일이다.

```
>>> greet()
'<strong><em>Hello!</em></strong>'
```

데코레이터를 아래부터 위 순서로 적용했음을 명확하게 보여 준다. 첫째, 입력 함수는 @emphasis 데코레이터에 의해 감싸진 다음 (장식된) 결과 함수는 @strong 데코레이터에 의해 다시 감싸진다.

이 아래에서 위로의 순서를 잘 기억하도록 돕기 위해 나는 이 행동을 '데코레이터 쌓기'라고 부른다. 그저 맨 아래부터 위로 블록을 하나씩 쌓아 가면 된다.

앞의 코드를 @ 구문을 사용하지 않고 작성하려면 다음처럼 데코레이터 함수를 연쇄적으로 호출하는 모습이 될 것이다.

```
decorated_greet = strong(emphasis(greet))
```

emphasis 데코레이터가 먼저 적용된 다음 결과를 감싼 함수가 strong 데코레이터에 의해 다시 감싸진 것을 볼 수 있다.

이는 또한 중첩된 함수 호출을 계속 추가하기 때문에 데코레이터 쌓기의 깊이가 결국 성능에 영향을 미친다는 것을 의미한다. 실무에서 문제를 일으키는 경우는 흔치 않지만 장식을 자주 사용하는 성능 집약적인 코드를 작성하는 경우 명심해야 할 사항이다.

인자를 받는 함수 장식하기

지금까지 모든 예제는 인자를 전혀 취하지 않는 단순한 '무인자' greet 함수만 꾸몄다. 지금까지 보았던 데코레이터는 입력 함수에 인자를 전달할 필요가 없었다.

인자를 취하는 함수에 이 데코레이터 중 하나를 적용하려고 하면 올바르게 작동하지 않는다. 그렇다면 임의의 인자를 취하는 함수를 어떻게 장식할까?

변수의 개수가 가변적인 상황을 처리하는 파이썬의 *args와 **kwargs는 이럴 때 편리하다.[3] 다음의 proxy 데코레이터는 이 기능을 이용한다.

---

3 '3.4 *args와 **kwargs를 재미있게 활용하기' 참고

```
def proxy(func):
    def wrapper(*args, **kwargs):
        return func(*args, **kwargs)
    return wrapper
```

이 데코레이터에는 두 가지 중요한 것이 있다.

- wrapper 클로저 정의에서 * 및 ** 연산자를 사용하여 모든 위치 및 키워드 인자를 수집하고 변수(args와 kwargs)에 저장한다.
- wrapper 클로저는 수집된 인자를 * 및 ** '인자 풀기' 연산자를 사용하여 원래 입력 함수로 전달한다.

별(*)과 쌍별(**) 연산자의 의미가 문맥에 따라 오버로딩되고 바뀌는 것은 다소 안타깝지만, 원리는 이해했기를 바란다.

 proxy 데코레이터에 의해 적용된 기술을 좀 더 유용한 실제 예제로 확장해 보겠다. 다음은 함수 인자와 결과를 기록하는 trace 데코레이터다.

```
def trace(func):
    def wrapper(*args, **kwargs):
        print(f'TRACE: calling {func.__name__}() '
              f'with {args}, {kwargs}')

        original_result = func(*args, **kwargs)

        print(f'TRACE: {func.__name__}() '
              f'returned {original_result!r}')

        return original_result
    return wrapper
```

trace로 함수를 장식한 다음 호출하면 장식된 함수에 전달된 인자들과 해당 반환값이 출력된다. 여전히 '장난감' 같은 예지만 유사시에는 훌륭한 디버깅 도구가 된다.

```
@trace
def say(name, line):
    return f'{name}: {line}'

>>> say('Jane', 'Hello, World')
'TRACE: calling say() with ("Jane", "Hello, World"), {}'
'TRACE: say() returned "Jane: Hello, World"'
'Jane: Hello, World'
```

데코레이터를 디버깅할 때 명심해야 할 사항이 몇 가지 있으니, 지금부터 살펴보자.

'디버깅 가능한' 데코레이터 작성법

데코레이터를 사용하면 실제로 한 함수가 다른 함수로 교체된다. 이 프로세스의 한 가지 단점은 원래 (장식되지 않은) 함수에 첨부된 일부 메타데이터(metadata)를 '숨겨' 버리는 것이다.

예를 들어 원래 함수명, 독스트링(docstring), 매개 변수 리스트는 감싼 클로저에 의해 숨겨진다.

```python
def greet():
    """Return a friendly greeting."""
    return 'Hello!'

decorated_greet = uppercase(greet)
```

해당 함수 메타데이터에 접근하려고 하면 대신 감싼 클로저의 메타데이터가 표시된다.

```python
>>> greet.__name__
'greet'
>>> greet.__doc__
'Return a friendly greeting.'

>>> decorated_greet.__name__
'wrapper'
>>> decorated_greet.__doc__
None
```

이로 인해 파이썬 인터프리터로 디버깅하기가 불편하고 어려워진다. 고맙게도 이 문제는 금방 해결할 수 있다. 파이썬 표준 라이브러리에 포함되어 있는 functools.wraps 데코레이터를 사용하면 된다.[4]

자신의 데코레이터에서 functools.wraps를 사용하여 잃어버린 메타데이터를 장식되지 않은 함수에서 데코레이터 클로저로 복사할 수 있다. 다음은 그 예다.

---

4   파이썬 공식 문서: 'functools.wraps'(https://docs.python.org/3/library/functools.html#functools.wraps)

```
import functools

def uppercase(func):
    @functools.wraps(func)
    def wrapper():
        return func().upper()
    return wrapper
```

functools.wraps를 데코레이터가 반환한 감싼 클로저에 적용하면 입력 함수의 독스트링과 여타 메타데이터가 전달된다.

```
@uppercase
def greet():
    """Return a friendly greeting."""
    return 'Hello!'

>>> greet.__name__
'greet'
>>> greet.__doc__
'Return a friendly greeting.'
```

자신이 작성한 모든 데코레이터에서 functools.wraps를 사용하기를 권한다. 시간이 많이 걸리지 않으며 디버깅의 고통에서 여러분을 구해 줄 것이다.

축하한다. 이 복잡한 내용을 끝까지 해냈고 파이썬의 데코레이터에 대해 많은 것을 배웠다. 훌륭하다!

요점 정리

- 데코레이터는 재사용 가능한 빌딩 블록을 정의하여 호출 가능 객체를 영구적으로 수정하지 않고도 그 동작을 수정할 수 있다.
- @ 구문은 입력 함수를 사용할 때 데코레이터를 자동으로 호출하기 위한 단축형일 뿐이다. 한 함수에 여러 데코레이터를 적용할 때는 아래에서 위 순서로 적용된다('데코레이터 쌓기')
- 디버깅 모범 사례로 자신의 데코레이터에서 functools.wraps를 사용하면 원본 호출 가능 객체에서 장식된 호출 가능 객체로 메타데이터를 전달한다.
- 여느 소프트웨어 개발 도구와 마찬가지로 데코레이터는 완전한 치료제가 아니니 남용하지 말아야 한다. '코드가 끔찍하고 유지가 불가능할 정도로 꼬이지 않는' 목표와 '코드가 잘 돌아가는' 필요의 균형을 맞추는 것이 중요하다.

3.4 *args와 **kwargs를 재미있게 활용하기

나는 선택적 매개 변수와 키워드 매개 변수를 사용해 함수를 정의할 때마다
"아아(argh)!"와 "크아아(kwargh)!"를 외치는 명석한 파이썬 사용자와 짝 코딩
을 한 번 해 봤다. 그것만 제외하고는 우리는 잘 지냈다. 나는 학계가 사람들에
게 결국 이런 식의 프로그래밍을 하도록 만든다고 생각한다.

*args와 **kwargs 매개 변수는 그럼에도 불구하고 파이썬에서 매우 유용한
기능이다. 그리고 그 효능을 이해하면 좀 더 유능한 개발자가 될 것이다.

그러면 *args와 **kwargs 매개 변수는 무엇에 사용될까? 이 두 가지를 사용
하면 함수가 선택적 인자를 받아들일 수 있으므로 모듈 및 클래스에서 유연한
API를 만들 수 있다.

```python
def foo(required, *args, **kwargs):
    print(required)
    if args:
        print(args)
    if kwargs:
        print(kwargs)
```

앞의 함수는 최소한 'required'라는 인자 하나를 필요로 하지만 추가 위치 인자
와 키워드 매개 변수도 추가로 사용할 수 있다.

추가 인자를 사용하여 함수를 호출하면 매개 변수 이름 앞에 * 접두사가 있
기 때문에 args가 여분의 위치 인자를 튜플로 수집한다.

마찬가지로 kwargs는 매개 변수명에 ** 접두사가 있기 때문에 딕셔너리로 추
가 키워드 인자를 수집한다.

함수에 추가 인자가 전달되지 않으면 args와 kwargs는 비어 있을 수 있다.

인자 조합을 다양하게 바꿔 가며 이 함수를 호출해 보면, 위치 인자냐 키워드
인자냐에 따라 파이썬이 인자들을 어떻게 args와 kwargs 매개 변수로 수집해
넣는지를 확인할 수 있다.

```python
>>> foo()
TypeError:
"foo() missing 1 required positional arg: 'required'"

>>> foo('hello')
```

```
hello

>>> foo('hello', 1, 2, 3)
hello
(1, 2, 3)

>>> foo('hello', 1, 2, 3, key1='value', key2=999)
hello
(1, 2, 3)
{'key1': 'value', 'key2': 999}
```

이 매개 변수들의 이름을 args와 kwargs라고 하는 것은 그저 명명 규칙일 뿐이다. 이 예제를 *parms와 **argv로 바꿔 호출해도 똑같이 작동한다. 실질적인 문법은 별표 하나(*) 또는 별표 두 개(**)다.

그러나 혼동을 피하기 위해(그리고 가끔씩 "아아(argh)!"와 "크아아(kwargh)!"라고 소리칠 기회를 얻으려면) 널리 쓰이는 명명 규칙을 따르는 것이 좋다.

선택적 또는 키워드 매개 변수 전달하기

한 함수에서 다른 함수로 선택적 또는 키워드 매개 변수를 전달할 수 있다. 인자를 전달할 함수를 호출할 때 인자 풀기 연산자 *와 **를 사용하면 된다.[5]

또한 인자를 전달하기 전에 인자를 수정할 수 있는 기회를 제공한다. 다음이 그 예다.

```
def foo(x, *args, **kwargs):
    kwargs['name'] = 'Alice'
    new_args = args + ('extra', )
    bar(x, *new_args, **kwargs)
```

이 기술은 감싸는 함수를 작성하고 서브클래싱하는 데 유용하다. 예를 들어 부모 클래스 생성자의 시그너처 전체를 자식 클래스에 복제하지 않고도 부모 클래스의 동작을 확장할 수 있다. 여러분이 제어할 수 없으며 언제 변경될지도 모르는 API로 작업하는 경우 매우 편리하다.

```
class Car:
    def __init__(self, color, mileage):
        self.color = color
```

---

5 '3.5 함수 인자 풀기' 참고

```
        self.mileage = mileage

class AlwaysBlueCar(Car):
    def __init__(self, *args, **kwargs):
        super().__init__(*args, **kwargs)
        self.color = 'blue'

>>> AlwaysBlueCar('green', 48392).color
'blue'
```

AlwaysBlueCar 생성자는 모든 인자를 상위 클래스에 전달한 다음 내부 속성을 재정의한다. 즉 부모 클래스 생성자가 변경돼도 AlwaysBlueCar는 여전히 의도대로 작동할 가능성이 크다.

여기서 단점은 AlwaysBlueCar 생성자의 시그니처는 크게 도움이 되지 않으므로 부모 클래스를 찾아보지 않고서는 어떤 인자를 기대하는지 알지 못한다는 것이다.

일반적으로 자신의 클래스 계층 구조를 이런 방식으로 작성하지는 않을 것이다. 더 그럴듯한 시나리오는 자신이 제어하지 못하는 일부 외부 클래스의 동작을 수정하거나 재정의하는 것이다.

그러나 이것은 늘 위험한 영역이기 때문에 조심해야 한다(이번에는 그냥 "아!"라고 외치게 될지도 모른다).

이 기술은 잠재적으로 데코레이터와 같은 감싸는 함수를 작성하는 시나리오에서도 도움이 된다. 또한 일반적으로 감싸진 함수로 전달되는 임의의 인자를 허용하고 싶을 수도 있다.

원래 함수의 시그너처를 복사하여 붙여 넣지 않고도 이 작업을 수행할 수 있다면 유지 관리가 더 쉬울 수 있다.

```
def trace(f):
    @functools.wraps(f)
    def decorated_function(*args, **kwargs):
        print(f, args, kwargs)
        result = f(*args, **kwargs)
        print(result)
    return decorated_function

@trace
def greet(greeting, name):
    return '{}, {}!'.format(greeting, name)
```

```
>>> greet('Hello', 'Bob')
<function greet at 0x1031c9158> ('Hello', 'Bob') {}
'Hello, Bob!'
```

이와 같은 기법을 사용하면 코드를 충분히 명확하게 표현하는 동시에 '중복 배제(Don't Repeat Yourself)' 원칙을 준수하는 균형점을 찾기가 어려운 상황이 종종 생긴다. 이것은 항상 어려운 선택이다. 동료로부터 또 다른 의견을 구할 수 있으면 한번 부탁해 보기를 권한다.

요점 정리

- *args와 **kwargs를 사용하면 파이썬에서 인자 개수가 가변적인 함수를 작성할 수 있다.
- *args는 여분의 위치 인자를 튜플로 수집한다. **kwargs는 여분의 키워드 인자를 딕셔너리로 수집한다.
- 실제 문법은 *와 **이다. args 및 kwargs라는 이름은 단지 관례에 불과하다 (그래도 관례를 따르는 편이 좋다).

3.5 함수 인자 풀기

* 및 ** 연산자를 사용하여 연속된 데이터와 딕셔너리에서 함수 인자를 '풀어내는' 기능은 정말 근사하면서 신비롭다.

간단한 함수를 정의해 보자.

```
def print_vector(x, y, z):
    print('<%s, %s, %s>' % (x, y, z))
```

보다시피 이 함수는 세 개의 인자(x, y, z)를 취해 멋지게 형식화하여 출력한다. 이 함수를 사용하면 프로그램에서 삼차원 벡터를 예쁘게 출력할 수 있다.

```
>>> print_vector(0, 1, 0)
<0, 1, 0>
```

이제 삼차원 벡터를 표현하기 위해 어떤 데이터 구조를 선택했는지에 따라 print_vector 함수를 사용하여 출력하면 약간 어색함을 느낄 수 있다. 예를 들

어 벡터를 튜플 또는 리스트로 표현한 경우 출력할 때 각 컴포넌트의 색인을
명시적으로 지정해야 한다.

```
>>> tuple_vec = (1, 0, 1)
>>> list_vec = [1, 0, 1]
>>> print_vector(tuple_vec[0],
                 tuple_vec[1],
                 tuple_vec[2])
<1, 0, 1>
```

일반 함수를 호출하는 데 개별 인자를 하나씩 입력하는 모습은 불필요하게 길
고 번거로워 보인다. 벡터 객체를 세 개의 구성 요소로 '쪼개서' print_vector
함수에 한번에 전달할 수 있다면 더 좋지 않을까?

  (물론 벡터 객체를 나타내는 단일 매개 변수를 사용하도록 print_vector를
재정의할 수 있다. 그러나 예제를 단순화하기 위해 지금은 이 선택지를 무시하
겠다.)

  고맙게도 파이썬에서 이 상황을 처리하는 데는 * 연산자를 사용하는 '함수
인자 풀기'라는 더 좋은 방법이 있다.

```
>>> print_vector(*tuple_vec)
<1, 0, 1>
>>> print_vector(*list_vec)
<1, 0, 1>
```

함수를 호출할 때 반복 가능 객체 앞에 *를 두면 인자를 풀어서 각각의 요소를
개별 인자로 전달한다.

  이 기법은 제너레이터(generator) 표현식을 포함한 모든 반복 가능 함수에서
작동한다. 제너레이터에서 * 연산자를 사용하면 제너레이터의 모든 요소를 뽑
아내어 함수에 전달한다.

```
>>> genexpr = (x * x for x in range(3))
>>> print_vector(*genexpr)
```

튜플, 리스트, 제너레이터 같은 연속 데이터를 위치 인자로 푸는 * 연산자 외에
딕셔너리에서 키워드 인자를 푸는 ** 연산자도 있다. 우리의 벡터가 다음 dict
객체로 표현되었다고 상상해 보자.

```
>>> dict_vec = {'y': 0, 'z': 1, 'x': 1}
```

** 연산자를 사용하면 앞서와 거의 똑같은 방식으로 이 딕셔너리를 print_vector 함수에 풀어서 전달할 수 있다.

```
>>> print_vector(**dict_vec)
<1, 0, 1>
```

딕셔너리는 순서가 지정되지 않으므로 딕셔너리의 키를 기준으로 이름이 같은 인자와 해당 딕셔너리값을 연결한다. 즉 x 인자는 딕셔너리의 'x' 키와 연관된 값을 받는다.

단일 별표(*) 연산자를 사용하여 딕셔너리를 풀면 키가 임의의 순서로 함수에 전달된다.

```
>>> print_vector(*dict_vec)
<y, x, z>
```

파이썬의 함수 인자 풀기 기능은 많은 유연성을 제공한다. 이는 때로는 프로그램에서 필요로 하는 데이터 타입에 대한 클래스를 구현할 필요가 없다는 것을 의미한다. 그 결과 튜플이나 리스트 같은 간단한 내장 데이터 구조를 사용하여 코드 복잡성을 줄일 수 있다.

요점 정리

- * 및 ** 연산자는 연속 데이터 및 딕셔너리를 함수 인자로 '푸는' 데 사용할 수 있다.
- 인자 풀기를 효과적으로 사용하면 모듈과 함수의 인터페이스를 좀 더 유연하게 작성할 수 있다.

3.6 반환할 것이 없는 경우

파이썬은 함수의 끝에 암시적으로 return None 문을 추가한다. 따라서 함수가 반환값을 지정하지 않으면 기본적으로 None이 반환된다.

즉 return None 문을 아무것도 없는 return 문으로 대체하거나 심지어 완전히 없애더라도 동일한 결과를 얻을 수 있음을 의미한다.

```python
def foo1(value):
    if value:
        return value
    else:
        return None

def foo2(value):
    """return 문에 값이 생략된 경우 'return None'을 의미한다."""
    if value:
        return value
    else:
        return

def foo3(value):
    """return 문이 생략되어도 'return None'을 의미한다."""
    if value:
        return value
```

인자로 거짓값을 전달하면 세 함수 모두 None을 올바르게 반환한다.

```python
>>> type(foo1(0))
<class 'NoneType'>

>>> type(foo2(0))
<class 'NoneType'>

>>> type(foo3(0))
<class 'NoneType'>
```

자, 파이썬 코드에서 언제 이 기능을 사용하는 것이 좋을까?

내 경험에 따르면 함수에 반환값이 없을 경우(다른 언어에서는 이를 '프로시저'라고 부르기도 한다) return 문을 생략한다. 문장 하나를 추가하는 것은 불필요하고 혼란스러울 뿐이다. 프로시저의 예로는 파이썬의 내장 print 함수가 있는데 이 함수는 텍스트만 출력하고 값은 반환하지 않는다.

파이썬에 내장된 sum을 사용해 보자. sum은 당연히 반환값이 있으며, 이 함수를 단지 값을 더해 보고 끝내려는 목적으로 사용하지는 않는다. 이 함수의 목적은 일련의 숫자를 더해 그 결과를 전달하는 것이다. 이처럼 함수가 논리적인 관점에서 값을 반환하는 게 자연스러우면 암시적 반환을 사용할지 여부를 결정해야 한다.

한편으로 명시적 return None 문을 생략하면 코드가 간결해지고 읽고 이해하기가 더 쉬워진다. 주관적으로 코드를 '더 예쁘다'고 말할 수 있다.

반면 파이썬의 이러한 동작 방식을 보고 놀라는 프로그래머들도 있다. 깨끗하고 유지 보수가 쉬운 코드를 작성한다는 관점에서 보면 인식하지 못한 동작은 좋지 않다.

예를 들어 예전에 코드 샘플 중 하나에 '암시적 반환문'을 사용한 적이 있다. 사용한 이유에 대해서는 언급하지 않았다. 단지 파이썬의 다른 기능을 설명하기 위한 간단한 코드 샘플을 원했을 뿐이다.

결국 나는 "코드에 반환문이 빠졌다"라는 이메일을 꾸준히 받았다. 파이썬의 암묵적인 반환 동작은 분명히 모든 사람에게 명백하지는 않았으며 이 경우 방해가 되었다. 분명히 하기 위해 설명을 추가하고 나서야 이메일이 오지 않았다.

오해하지 말기 바란다. 나도 다른 사람만큼 깨끗하고 '아름다운' 코드를 작성하는 것을 좋아한다. 또한 나는 프로그래머가 자신이 작업하고 있는 언어를 속속들이 알아야 한다는 것을 강하게 느꼈다.

그러나 그런 단순한 오해가 유지 보수에 미치는 영향을 고려할 때 더 명확하고 깨끗한 코드를 작성하는 것이 중요할 수 있다. 결국 '코드는 의사소통'이다.

요점 정리

- 함수가 반환값을 지정하지 않으면 None을 반환한다. 명시적으로 return None을 쓸지는 취향에 맡기겠다.
- 이것은 핵심적인 파이썬 기능이지만 명시적 return None 문을 써서 코드의 의도를 좀 더 명확하게 전달할 수 있다.

4장

클래스와 객체 지향 프로그래밍

4.1 객체 비교: 'is' 대 '=='

어렸을 때 이웃에 한 쌍의 쌍둥이 고양이를 키우는 집이 있었다. 그 고양이들은 겉보기에 똑같았다. 똑같이 짙은 회색 털에, 날카로운 녹색 눈을 지니고 있었다. 몇 가지 특이한 성격을 빼면 보기만 해서는 구별할 수 없었을 것이다. 완전히 똑같아 보였지만 물론 두 마리는 서로 다른 고양이었다.

이 쌍둥이 고양이 이야기는 '동등한(equal)'과 '동일한(identical)'의 의미의 차이에 대해 질문을 제기한다. 그리고 이 차이는 파이썬의 비교 연산자 is와 ==가 어떻게 동작하는지 이해하는 데 중요하다.

== 연산자는 동등 여부를 검사하여 비교한다. 이 고양이들이 파이썬 객체라고 가정하고 == 연산자로 비교하면 "두 고양이는 동등하다"라는 답을 얻는다.

하지만 is 연산자는 동일 여부를 비교한다. 이 고양이들을 is 연산자로 비교하면 "두 고양이는 다르다"라는 답을 얻는다.

이 모든 비유에 익숙해지기 전에 실제 파이썬 코드를 살펴보겠다.

먼저 새 리스트 객체를 만들고 이름을 a로 지정한 다음 동일한 리스트 객체를 가리키는 다른 변수(b)를 정의한다.

```
>>> a = [1, 2, 3]
>>> b = a
```

이 변수들을 살펴보면 둘 다 똑같은 리스트를 가리킨다는 것을 알 수 있다.

```
>>> a
[1, 2, 3]
>>> b
[1, 2, 3]
```

두 개의 리스트 객체가 같아 보이기 때문에 == 연산자를 사용하여 동등한지 비교하면 예상되는 결과를 얻는다.

```
>>> a == b
True
```

그러나 a와 b가 실제로 동일한 대상을 가리키고 있다고 확인해 준 것은 아니다. 물론 앞서 리스트를 할당한 것이 우리 자신이니 우리는 두 리스트가 동일한 대상임을 알지만 알지 못했다고 가정해 보자. 어떻게 알아낼 수 있을까?

답은 두 변수를 is 연산자로 비교하는 것이다. 이 연산자는 두 변수가 사실 하나의 리스트 객체를 가리키고 있음을 확인한다.

```
>>> a is b
True
```

리스트 객체의 복사본을 만들면 어떤 일이 발생하는지 보자. 기존 리스트를 인자로 넘겨 list()를 호출하여 복사본을 만들고 이름을 c로 지정하자.

```
>>> c = list(a)
```

다시 작성한 새 리스트는 a와 b가 가리키는 리스트 객체와 똑같아 보인다.

```
>>> c
[1, 2, 3]
```

이제부터가 흥미로운 지점이다. == 연산자를 사용하여 리스트 복사본 c를 초기 리스트 a와 비교해 보자. 어떤 결과를 기대하는가?

```
>>> a == c
True
```

여러분이 기대하던 바였으면 좋겠다. 이 결과가 말하는 내용은 c와 a가 똑같은 내용을 가지고 있다는 것이다. 두 리스트는 파이썬에 의해 동등한 것으로 간주된다. 그러나 실제로 동일한 대상을 가리키고 있을까? is 연산자를 사용해 알아보자.

```
>>> a is c
False
```

짠! 여기서는 다른 결과를 얻었다. 파이썬은 c와 a가 내용이 같을지라도 두 개의 다른 객체를 가리키고 있다고 말한다.

요약하자면 is와 ==의 차이를 다음과 같이 두 가지 짧은 정의로 표현할 수 있다.

- 두 변수가 동일한(identical) 객체를 가리키는 경우 is 표현식은 True로 평가된다.
- == 표현식은 변수가 참조하는 객체가 동등한(equal: 내용이 같은) 경우 True로 평가된다.

파이썬에서 is와 == 중 어느 것을 사용할지 결정해야 할 때마다 쌍둥이 고양이 (개도 마찬가지다)를 생각하라. 그렇게 하면 쉬울 것이다.

4.2 문자열 변환(모든 클래스는 __repr__이 필요하다)

파이썬에서 사용자 정의 클래스를 만들고 그 인스턴스를 콘솔에 출력해 보면 (또는 인터프리터 세션에서 그것을 검사해 보면) 결과가 비교적 만족스럽지 않다. '문자열로' 전환하는 기본 동작이 기초적이고 세부 내용이 부족하기 때문이다.

```
class Car:
    def __init__(self, color, mileage):
        self.color = color
        self.mileage = mileage

>>> my_car = Car('red', 37281)
>>> print(my_car)
<__console__.Car object at 0x109b73da0>
```

```
>>> my_car
<__console__.Car object at 0x109b73da0>
```

기본적으로 얻을 수 있는 것은 클래스명과 객체 인스턴스의 id(CPython에서는 객체의 메모리 주소)를 포함하는 문자열이다. '아무것'도 없는 것보다 낫지만 그다지 유용하지 않다.

   클래스의 속성을 직접 출력하거나 클래스에 사용자 정의 to_string() 메서드를 추가하여 이 문제를 해결하려고 할 수도 있다.

```
>>> print(my_car.color, my_car.mileage)
red 37281
```

이 아이디어도 괜찮다. 그러나 이 방법은 파이썬이 객체를 문자열로 표현하는 데 사용하는 규칙과 기본 제공 메커니즘을 무시한다.

   자신만의 문자열 변환 시스템을 만드는 대신 클래스에 __str__과 __repr__ '던더(이중 밑줄)' 메서드를 추가하는 것이 좋다. 서로 다른 상황에서 객체가 문자열로 전환되는 방식을 제어하는 파이다운 방식이다.[1]

   이 방법이 실제로 어떻게 작동하는지 살펴보자. 먼저 앞에서 정의한 Car 클래스에 __str__ 메서드를 추가해 보자.

```
class Car:
    def __init__(self, color, mileage):
        self.color = color
        self.mileage = mileage

    def __str__(self):
        return f'a {self.color} car'
```

이제 Car 인스턴스를 출력하거나 검사할 때 조금씩 개선된 결과를 얻을 수 있다.

```
>>> my_car = Car('red', 37281)
>>> print(my_car)
'a red car'
>>> my_car
<__console__.Car object at 0x109ca24e0>
```

---

1   파이썬 공식 문서: 'The Python Data Model'(https://docs.python.org/3.6/reference/datamodel.html#object.__repr__)

콘솔에서 Car 객체를 검사하면 여전히 객체의 id를 포함하는 이전 결과를 얻을 수 있다. 그러나 객체를 '출력'하면 우리가 추가한 __str__ 메서드에 의해 반환된 문자열을 얻게 된다.

__str__은 파이썬의 던더 메서드 중 하나이며 다음과 같이 갖가지 방식으로 객체를 문자열로 전환하려 시도할 때 호출된다.

```
>>> print(my_car)
a red car
>>> str(my_car)
'a red car'
>>> '{}'.format(my_car)
'a red car'
```

적절한 __str__ 구현을 사용하면 객체 속성을 직접 출력하거나 별도의 to_string() 함수를 작성할 필요가 없다. 문자열 전환을 제어하는 파이썬다운 방식이다.

던더 메서드를 '마법 메서드'라고 부르기도 하지만, 사실 메서드는 어떤 식으로도 마법을 부리지 않는다. 이 두 메서드가 이중 밑줄로 시작하고 끝나는 건 단순히 파이썬 핵심 기능임을 나타내는 명명 규칙이다. 또한 사용자가 정의한 메서드나 속성과의 충돌을 피하는 데 도움이 된다. 객체 생성자 __init__도 동일한 규약을 따르며 마찬가지로 마법이나 신비함은 없다.

던더 메서드를 사용하는 것을 두려워하지 말자. 그 모두가 개발자를 돕기 위해 마련된 것이다.

__str__ 대 __repr__

아직 문자열 변환 이야기는 끝나지 않았다. 인터프리터 세션에서 my_car를 검사하니 여전히 이상한 결과인 <Car object at 0x109ca24e0>을 얻는 것을 봤는가?

이런 일이 일어난 이유는 파이썬 3에서 객체가 문자열로 변환되는 방법을 제어하는 던더 메서드가 '두 가지'이기 때문이다. 첫 번째는 __str__이며 방금 배웠다. 두 번째는 __repr__이며 작동 방식은 __str__과 유사하지만 다른 상황에서 사용된다(파이썬 2.x에는 잠시 뒤에 다룰 __unicode__ 메서드도 있다).

다음은 __str__과 __repr__이 언제 사용되는지 감을 얻기 위해 사용할 수 있는 간단한 실험이다. 자동차 클래스를 재정의해서 두 문자열 변환 던더 메서드를 포함시키고 쉽게 구분할 수 있는 출력이 나오게 하자.

```python
class Car:
    def __init__(self, color, mileage):
        self.color = color
        self.mileage = mileage

    def __repr__(self):
        return '__repr__ for Car'

    def __str__(self):
        return '__str__ for Car'
```

이제 이 예제를 가지고 놀아 보면 각 상황에서 어느 메서드가 문자열 변환을 제어하는지 볼 수 있다.

```python
>>> my_car = Car('red', 37281)
>>> print(my_car)
__str__ for Car
>>> '{}'.format(my_car)
'__str__ for Car'
>>> my_car
__repr__ for Car
```

이 실험의 마지막을 보면 파이썬 인터프리터 세션에서 객체를 검사하면 단순히 객체의 __repr__ 결과를 출력한다는 사실을 알 수 있다.

흥미롭게도 리스트와 딕셔너리 같은 컨테이너는 포함된 객체를 나타내기 위해 항상 __repr__ 결과를 사용한다. 컨테이너 자체를 str에 직접 넘기더라도 말이다.

```python
str([my_car])
'[__repr__ for Car]'
```

예를 들어 코드의 의도를 좀 더 명확하게 표현하기 위해 문자열 전환 메서드를 직접 선택하고자 한다면 내장 str()과 repr() 함수를 사용하는 것이 가장 좋다. 이 함수들을 사용하는 편이 더 보기 좋으면서 결과는 똑같으니 객체의 __str__ 또는 __repr__을 직접 호출하는 것보다 바람직하다.

```
>>> str(my_car)
'__str__ for Car'
>>> repr(my_car)
'__repr__ for Car'
```

이렇게 살펴보기는 했지만 __str__과 __repr__ 사이의 '실제적인' 차이점이 무엇인지 궁금할 수 있다. 둘 다 같은 목적을 수행하는 것처럼 보이므로 각각을 언제 사용해야 할지 명확하지 않을 수 있다.

그런 의문이 생기면 파이썬 표준 라이브러리가 하는 일을 살펴보는 것이 좋다. 다른 실험을 고안할 시간이다. datetime.date 객체를 만들고 이 객체가 __repr__ 및 __str__을 사용하여 문자열 변환을 제어하는 방법을 알아볼 것이다.

```
>>> import datetime
>>> today = datetime.date.today()
```

이 날짜 객체의 __str__ 함수 결과는 원래 '읽을 수' 있어야 한다. 이 함수의 목적은 애플리케이션 사용자에게 보여 줘도 괜찮을 정도로 사람이 읽을 수 있는 간결한 텍스트 표현을 반환하는 것이다. 따라서 이 날짜 객체를 인자로 str()을 호출하면 ISO 날짜 형식과 비슷한 것을 얻게 된다.

```
>>> str(today)
'2017-02-02'
```

__repr__을 사용하면 그 결과는 무엇보다 명확해야 한다. 이 메서드의 결과 문자열은 개발자의 디버깅을 도와주려는 의도를 더 강하게 반영한다. 따라서 그 대상이 무엇인지 가능한 한 명시적으로 밝혀야 한다. 그래서 repr()을 호출하면 더 정교한 결과를 얻게 된다. 다음과 같이 전체 모듈과 클래스 이름까지 포함한다.

```
>>> repr(today)
'datetime.date(2017, 2, 2)'
```

우리는 __repr__이 반환한 문자열을 복사하여 붙여 넣어서 유효한 파이썬 코드로 실행하여 원래 날짜 객체를 다시 만들 수 있다. 이것은 여러분 자신의 'repr'들을 작성하는 동안 염두에 두어야 할 깔끔한 접근이자 좋은 목표다.

다른 한편으로 이것을 실천하기는 쉽지 않다. 보통 그렇게 수고할 만한 가치가 없고 단지 여분의 일을 만들어 낼 뿐이다. 나는 보통 개발자에게 도움이 되도록 __repr__ 문자열을 명확하게 만들지만 그들이 객체의 완전한 상태를 복원할 수 있을 것으로 기대하지는 않는다.

모든 클래스에 __repr__이 필요한 이유

__str__ 메서드를 추가하지 않으면 파이썬은 __str__을 사용해야 할 때도 __repr__을 사용한다. 따라서 클래스에 적어도 __repr__ 메서드는 항상 추가하는 것이 좋다. 이렇게 하면 최소한의 구현으로 거의 모든 경우에 유용한 문자열 변환 결과가 보장된다.

기본 문자열 변환 지원을 빠르고 효율적으로 클래스에 추가하는 방법은 다음과 같다. Car 클래스의 경우 다음 __repr__로 시작할 수 있다.

```
def __repr__(self):
    return f'Car({self.color!r}, {self.mileage!r})'
```

!r 변환 플래그를 사용하며 출력 문자열이 str(self.color)와 str(self.mileage) 대신 repr(self.color)와 repr(self.mileage)를 사용하도록 했다는 점에 주목하자.

멋지게 작동하지만 형식 문자열 내에서 클래스명을 반복 사용한다는 점이 아쉽다. 이 반복을 피하기 위해 여기서 사용할 수 있는 요령은 객체의 __class__.__name__ 속성을 사용하는 것이다. 이 속성에는 항상 클래스 이름이 문자열로 담겨 있다.

이 방식은 클래스 이름이 변경될 때 __repr__ 구현을 수정하지 않아도 된다는 이점이 있다. 이렇게 하면 쉽게 '중복 배제' 원칙을 따르게 된다.

```
def __repr__(self):
    return (f'{self.__class__.__name__}('
            f'{self.color!r}, {self.mileage!r})')
```

이 구현의 단점은 형식 문자열이 상당히 길어서 다루기 힘들다는 것이다. 그러나 신중하게 형식화하면 코드를 멋지게 유지하고 PEP 8을 준수할 수 있다.

앞의 __repr__ 구현을 적용하면 객체를 검사하거나 repr()을 직접 호출할 때 유용한 결과를 얻을 수 있다.

```
>>> repr(my_car)
'Car(red, 37281)'
```

기본 __str__ 구현은 단순히 __repr__을 호출하기 때문에 객체를 출력하든 str()을 호출하든 동일한 문자열이 반환된다.

```
>>> print(my_car)
'Car(red, 37281)'
>>> str(my_car)
'Car(red, 37281)'
```

이 접근 방식은 적절한 수준의 구현 작업으로 최대한의 가치를 제공한다고 생각한다. 별다른 고민 없이 적용할 수 있는 상당히 전통적인 방식이기도 하다. 이런 이유로 나는 항상 클래스에 기본적인 __repr__ 구현을 추가하려고 한다.

다음은 선택적인 __str__ 구현까지 포함한, 완벽한 파이썬 3 예제 코드다.

```python
class Car:
    def __init__(self, color, mileage):
        self.color = color
        self.mileage = mileage

    def __repr__(self):
        return (f'{self.__class__.__name__}('
                f'{self.color!r}, {self.mileage!r})')

    def __str__(self):
        return f'a {self.color} car'
```

파이썬 2.x에서 다른 점: __unicode__

파이썬 3에는 텍스트를 표현하는 일관된 하나의 데이터 타입으로 str이 있다. str은 유니코드 문자들을 담고 있으며 전 세계 문자 체계를 대부분 나타낼 수 있다.

파이썬 2.x는 문자열을 다루기 위해 이와는 다른 데이터 모델[2]을 사용한다.

---

[2]   파이썬 2 공식 문서: 'Data Model'(https://docs.python.org/2/reference/datamodel.html)

텍스트를 나타내는 타입이 두 가지로 str은 아스키(ASCII) 문자 집합으로 제한되고 unicode는 파이썬 3의 str과 같다.

이 차이로 인해 파이썬 2에는 문자열 변환을 제어하는 또 다른 던더 메서드인 __unicode__가 있다. 파이썬 2에서 __str__은 '바이트'를 반환하고 __unicode__는 '문자'를 반환한다.

대부분의 의도와 목적에는 __unicode__가 문자열 변환을 제어하기 위한 더 새롭고 선호되는 방식이다. 또한 함께 사용할 수 있는 unicode() 함수가 내장되어 있다. 이 함수는 str()과 repr()이 작동하는 법과 비슷한 각각의 던더 메서드를 호출한다.

지금까지는 그런대로 괜찮다. 그런데 파이썬 2에서 __str__과 __unicode__가 호출될 때의 규칙을 살펴보면 좀 별나다.

print 문과 str()은 __str__을 호출한다. unicode() 내장 함수는 __unicode__가 있으면 호출하고 그렇지 않으면 __str__을 호출하여 그 결과를 시스템 문자 인코딩으로 디코딩한다.

파이썬 3와 비교했을 때 이 특별한 경우는 문자 변환 규칙을 다소 복잡하게 만든다. 그러나 실용적인 목적으로 다시 단순화하는 방법이 있다. 유니코드는 파이썬 프로그램에서 문자를 처리하는 기본적이고 미래 지향적인 방법이다.

따라서 일반적으로 파이썬 2.x에서 권장하는 것은 문자열 형식 코드를 모두 __unicode__ 메서드 안에 넣고 그런 다음 UTF-8로 인코딩된 유니코드 표현으로 반환하는 __str__ 스터브(stub)를 구현하는 것이다.

```python
def __str__(self):
    return unicode(self).encode('utf-8')
```

이 __str__ 스터브는 여러분이 작성하는 클래스 대부분에서 수정 없이 사용할 수 있을 것이므로 필요할 때마다 복사하고 붙여 넣을 수 있다(또는 적절한 기본 클래스에 넣을 수 있다). 이렇게 하면 비개발자용으로 사용되는 모든 문자열 변환 코드는 __unicode__ 안에 담기게 된다.

다음은 파이썬 2.x를 위한 완전한 예제다.

```
class Car(object):
    def __init__(self, color, mileage):
        self.color = color
        self.mileage = mileage

    def __repr__(self):
        return '{}({!r}, {!r})'.format(
            self.__class__.__name__,
            self.color, self.mileage)

    def __unicode__(self):
        return u'a {self.color} car'.format(self=self)
```

요점 정리

- __str__ 및 __repr__ 던더 메서드를 사용하여 자신의 클래스에서 문자열 변환을 제어할 수 있다.
- __str__의 결과는 읽을 수 있어야 한다. __repr__의 결과는 모호하지 않아야 한다.
- 항상 __repr__을 클래스에 추가하라. __str__의 기본 구현은 __repr__을 호출하기만 한다.
- 파이썬 2에서는 __str__ 대신 __unicode__를 사용하자.

4.3 자신만의 예외 클래스 정의하기

파이썬을 사용하기 시작했을 때 내 코드에 사용자 정의 예외 처리 클래스를 작성하길 주저했다. 그러나 자신의 에러 타입을 정의하는 것은 큰 가치가 있다. 잠재적인 에러 사례가 분명하게 드러나게 되므로 결과적으로 함수와 모듈을 유지 보수하기 더 쉬워진다. 사용자 정의 에러 타입을 사용하여 디버깅 정보를 추가로 제공할 수도 있다.

이 모든 것이 코드 품질을 향상시켜 코드를 이해하고 디버그하고 유지 보수하기가 쉬워진다. 자신만의 예외 클래스 정의하기는 몇 가지 간단한 예로 분류하면 어렵지 않다. 이번 절에서는 기억해야 할 주요 요점을 설명한다.

애플리케이션에서 사람 이름을 나타내는 입력 문자열의 유효성을 검사하려고 한다고 가정해 보자. 다음은 간단한 이름 검사 함수의 모습이다.

```
def validate(name):
    if len(name) < 10:
        raise ValueError
```

유효성 검사가 실패하면 ValueError 예외가 발생한다. 이 함수는 적절해 보이고 이미 파이썬다운 코드처럼 보인다. 여태까지 그런대로 잘됐다.

그러나 ValueError와 같은 '상위 수준' 일반 예외 클래스를 사용하는 데는 단점이 있다. 이 함수를 라이브러리로 제공했고 내부를 잘 알지 못하는 팀원이 호출한다고 상상해 보자. 이름 검사에 실패하면 디버그 스택 추적에서 다음과 같이 표시된다.

```
>>> validate('joe')
Traceback (most recent call last):
  File "<input>", line 1, in <module>
    validate('joe')
  File "<input>", line 3, in validate
    raise ValueError
ValueError
```

이 스택 추적은 그다지 도움이 되지 않는다. 물론 우리는 무언가 잘못되었고 그 원인은 '잘못된 값'과 관련이 있다는 것을 알지만, 그 팀원은 validate() 구현까지 찾아보고 나서야 문제를 확실히 고칠 수 있을 것이다. 그러나 코드를 읽는 시간도 비용이다. 그리고 코드 읽는 시간이 점점 늘어난다.

다행히 우리는 더 잘할 수 있다. 이름 유효성 검사에 실패했음을 나타내는 사용자 정의 예외 타입을 소개하겠다. 새로운 예외 클래스는 파이썬의 기본 ValueError에 기반을 두고 있지만 더 명백한 이름을 부여하여 이름만 보고도 무슨 예외인지 알 수 있도록 하자.

```
class NameTooShortError(ValueError):
    pass

def validate(name):
    if len(name) < 10:
        raise NameTooShortError(name)
```

이제 내장된 ValueError 클래스를 확장한 '자체 문서화된' NameTooShortError 예외 타입을 갖게 됐다. 일반적으로 사용자 정의 예외를 만들 때는 최상위 Excep tion 클래스 또는 ValueError나 TypeError와 같은 기타 내장 파이썬 예외 중 적합한 것에서부터 파생시키고 싶을 것이다.

또한 validate 내부에서 사용자 정의 예외의 인스턴스를 생성할 때 name 변수를 그 생성자에 전달하고 있음을 확인하자. 새로운 구현 덕분에 동료가 스택 추적을 더 잘할 수 있을 것이다.

```
>>> validate('jane')
Traceback (most recent call last):
  File "<input>", line 1, in <module>
    validate('jane')
  File "<input>", line 3, in validate
    raise NameTooShortError(name)
NameTooShortError: jane
```

다시 한번 팀원의 관점에서 살펴보자. 사용자 정의 예외 클래스를 사용하면 일이 잘못되었을 때 무슨 일이 벌어진 것인지 훨씬 쉽게 이해할 수 있다.

코드 기반 전부를 혼자서 만든 경우에도 마찬가지다. 코드가 잘 구조화되어 있으면 몇 주 또는 몇 달 후에도 코드를 훨씬 쉽게 유지 관리할 수 있다.

단순한 예외 클래스 정의에 단 30초를 소비함으로써 이 토막 코드는 이미 의도가 훨씬 잘 드러나는 코드가 되었다. 그러나 계속 진행하자. 공부할 것이 더 있다.

파이썬 패키지를 공개적으로 릴리스하거나 회사에서 쓸 재사용 가능한 모듈을 작성하는 경우에도 모듈에 대한 기본적인 사용자 정의 예외 클래스를 작성하고 다른 모든 예외는 그 예외 클래스에서 파생시키는 것이 좋다.

모듈 또는 패키지의 모든 예외에 대한 사용자 정의 예외 계층을 만드는 방법은 다음과 같다. 첫 번째 단계는 모든 구체적인 에러가 상속될 기본적인 클래스를 선언하는 것이다.

```
class BaseValidationError(ValueError):
    pass
```

이제 모든 '실제' 에러 클래스는 기본 에러 클래스에서 파생될 수 있다. 약간의 추가 노력으로 훌륭하고 깨끗한 예외 계층 구조를 제공할 수 있다.

```
class NameTooShortError(BaseValidationError):
    pass

class NameTooLongError(BaseValidationError):
    pass

class NameTooCuteError(BaseValidationError):
    pass
```

이 방식에서는, 예를 들어 패키지 사용자가 각각의 에러를 일일이 잡지 않고도
이 패키지의 모든 에러를 처리할 수 있는 try...except 문을 작성할 수 있다.

```
try:
    validate(name)
except BaseValidationError as err:
    handle_validation_error(err)
```

물론 여전히 좀 더 구체적인 예외도 잡을 수 있다. 하지만 그렇게 하고 싶지 않
다면 적어도 예외 이름을 명시하지 않은 except 문으로 모든 예외를 잡을 필요
는 없다. 이 방식은 일반적으로 안티패턴으로 간주되며 관련이 없는 에러를 조
용히 숨길 수 있어서 프로그램을 디버깅하기가 훨씬 어려워질 수 있다.

　이 아이디어를 더 발전시켜 자신의 예외들을 논리적으로 더 세분화된 계층
구조로 표현해 낼 수도 있다. 하지만 조심하라. 이게 극단으로 흐르면 불필요
한 복잡성이 생기기 쉽다.

　결론적으로 사용자 정의 예외 클래스를 정의하면 사용자가 더 파이썬다운
EAFP(it's easier to ask for forgiveness than permission) 코딩 스타일에 쉽게 적
응할 수 있다.

요점 정리

- 고유한 예외 타입을 정의하면 코드의 의도가 좀 더 명확하게 표시되고 디버
  그하기 더 쉬워진다.
- 파이썬의 내장 Exception 클래스 또는 ValueError나 KeyError와 같은 구체
  적인 예외 클래스에서 사용자 정의 예외를 파생시키자.
- 상속을 사용하여 논리적으로 그룹화된 예외 계층을 정의할 수 있다.

4.4 재미있고 이득이 되는 객체 복제하기

파이썬의 할당문(assignment statement)은 객체의 사본을 만들지 않으며 이름만 연결한다. 변경할 수 없는 객체의 경우에는 일반적으로 차이가 없다.

하지만 변경 가능한 객체 또는 변경 가능한 객체의 컬렉션(collection을 다룰 때면 이러한 객체의 '실제 사본' 또는 '복제본'을 만드는 방법이 필요할 수 있다.

반드시 원본에 영향을 주지 않고도 수정할 수 있는 복사본을 원할 때가 있다. 지금부터 파이썬에서 객체를 복사하거나 '복제'하는 방법과 이때 주의할 사항을 몇 가지 설명할 것이다.

먼저 파이썬에 내장된 컬렉션을 복사하는 방법을 살펴보자. 리스트, 딕셔너리, 세트 같은 파이썬의 변경 가능한 내장 컬렉션은 기존 컬렉션을 팩터리 함수에 건네 복사할 수 있다.

```
new_list = list(original_list)
new_dict = dict(original_dict)
new_set = set(original_set)
```

그러나 이 메서드는 사용자 정의 객체는 처리하지 못하며, 그보다 더 근본적으로 '얕은 복사본'을 만든다. 리스트, 딕셔너리, 세트 같은 복합 객체의 경우 '얕은' 복사와 '깊은' 복사 사이에 중요한 차이가 있다.

얕은 복사본은 새 컬렉션 객체를 생성한 다음 원래 객체에서 찾은 자식 객체에 대한 참조로 채우는 것을 의미한다. 본질적으로 얕은 복사는 '한 단계 깊이'까지만 복사한다. 복사 프로세스가 재귀적으로 진행되지 않으므로 자식 객체 자체의 복사본을 만들지 않는다.

깊은 복사본은 복사 프로세스를 재귀적으로 처리한다. 우선 새 컬렉션 객체를 생성한 다음 원래 객체에서 찾은 자식 객체의 복사본을 재귀적으로 채우는 것을 의미한다. 이 방법으로 객체를 복사하면 원래 객체의 전체 객체 트리를 따라 그 자식들까지 완전히 독립적으로 복사된 복제본을 만들 수 있다.

조금 어려울 것이다. 그럼 몇 가지 예를 보면서 깊은 복사본과 얕은 복사본의 차이점을 살펴보자.

얕은 복사본 만들기

다음 예제에서는 새로운 중첩 리스트를 생성하고 list() 팩터리 함수를 사용하여 얕게 복사한다.

```
>>> xs = [[1, 2, 3], [4, 5, 6], [7, 8, 9]]
>>> ys = list(xs) # 얕은 복사본 만들기
```

즉 ys는 이제 xs와 똑같은 내용을 가진 새롭고 독립적인 객체가 된다. 두 객체를 검사하여 이를 확인할 수 있다.

```
>>> xs
[[1, 2, 3], [4, 5, 6], [7, 8, 9]]
>>> ys
[[1, 2, 3], [4, 5, 6], [7, 8, 9]]
```

ys가 원본과 정말 독립적인지 확인하기 위해 약간의 실험을 고안해 보겠다. 원본(xs)에 새 하위 목록을 추가하고 이 수정이 사본(ys)에 영향을 미쳤는지 확인하자.

```
>>> xs.append(['new sublist'])
>>> xs
[[1, 2, 3], [4, 5, 6], [7, 8, 9], ['new sublist']]
>>> ys
[[1, 2, 3], [4, 5, 6], [7, 8, 9]]
```

보는 대로 예상했던 효과가 있었다. '얕은' 수준에서 복사된 리스트를 수정하는 것은 전혀 문제가 되지 않았다.

그러나 원래 리스트의 얕은 복사본만 만들었으므로 ys에는 여전히 xs에 저장된 원본 자식 객체에 대한 참조가 포함되어 있다.

이 자식 객체들은 복사되지 않았다. 단순히 복사된 리스트에서 다시 참조했을 뿐이다.

따라서 xs에서 자식 객체 중 하나를 수정하면 이 수정 사항이 ys에도 반영된다. '두 리스트가 동일한 자식 객체를 공유하기' 때문이다. 이 복사본은 얕은 한 단계 깊이의 사본이다.

```
>>> xs[1][0] = 'X'
>>> xs
```

```
[[1, 2, 3], ['X', 5, 6], [7, 8, 9], ['new sublist']]
>>> ys
[[1, 2, 3], ['X', 5, 6], [7, 8, 9]]
```

앞의 예에서는 겉보기에 xs만 변경했다. 그러나 xs'와' ys의 인덱스 1에 있는 '두 개의' 하위 리스트가 수정된 것으로 나타났다. 다시 말하지만 원래 리스트의 얕은 복사본만 만들었기 때문에 이런 일이 발생했다.

첫 번째 단계에서 xs의 깊은 복사본을 만들었으면 두 객체는 완전히 독립적일 것이다. 이것이 객체의 얕은 복사본과 깊은 복사본의 실질적인 차이다.

이제 내장 컬렉션 클래스 중 일부의 얕은 복사본을 만드는 방법을 알았고 얕은 복사와 깊은 복사의 차이점도 이해했을 것이다. 하지만 우리가 여전히 원하는 대답의 질문은 다음과 같다.

· 내장된 컬렉션의 깊은 복사본을 어떻게 만들 수 있을까?
· 사용자 정의 클래스를 포함한 임의 객체의 사본은 (얕게 또는 깊게) 어떻게 만들 수 있을까?

이 질문에 대한 답은 파이썬 표준 라이브러리의 copy 모듈에 있다. 이 모듈은 임의의 파이썬 객체의 얕은 복사본과 깊은 복사본을 생성하기 위한 간단한 인터페이스를 제공한다.

깊은 복사본 만들기

이전의 리스트 복사 예제와 같으나 중요한 차이가 하나 있다. 이번에는 copy 모듈에 정의된 deepcopy() 함수를 사용하여 깊은 복사본을 만든다.

```
>>> import copy
>>> xs = [[1, 2, 3], [4, 5, 6], [7, 8, 9]]
>>> zs = copy.deepcopy(xs)
```

원본인 xs와 copy.deepcopy()로 만든 복사본 zs를 검사하면 앞의 예제에서와 같이 둘 다 똑같아 보인다.

```
>>> xs
[[1, 2, 3], [4, 5, 6], [7, 8, 9]]
```

```
>>> zs
[[1, 2, 3], [4, 5, 6], [7, 8, 9]]
```

그러나 원래 객체(xs)의 자식 객체 중 하나를 수정해도 깊은 복사본(zs)에 영향을 주지 않음을 알 수 있다.

이번에는 원본과 복사본 모두 완전히 독립적이다. xs는 자식 객체를 포함하여 재귀적으로 복제됐다.

```
>>> xs[1][0] = 'X'
>>> xs
[[1, 2, 3], ['X', 5, 6], [7, 8, 9]]
>>> zs
[[1, 2, 3], [4, 5, 6], [7, 8, 9]]
```

앉아서 파이썬 인터프리터로 지금 당장 이 예제를 실행하고 싶을지도 모른다. 예제를 직접 경험하고 가지고 놀아 보면 객체 복사를 더 쉽게 이해할 수 있을 것이다.

그건 그렇고 copy 모듈의 함수를 사용하여 얕은 복사본을 만들 수도 있다. copy.copy() 함수는 객체의 얕은 복사본을 만든다.

이 함수는 코드의 어딘가에서 얕은 복사본을 작성하고 있음을 명확하게 전달해야 하는 경우에 유용하다. copy.copy()를 사용하면 이 의도를 명시할 수 있다. 그러나 내장 컬렉션의 경우 간단히 리스트, 딕셔너리, 세트의 팩터리 함수를 이용하여 얕은 복사본을 생성하는 것이 더 파이썬답다고 여겨진다.

임의의 객체 복사하기

우리가 여전히 답해야 할 질문은 사용자 정의 클래스를 포함한 임의의 객체의 복사본을 (얕게 또는 깊게) 만드는 방법이다. 이제 살펴보자.

다시 copy 모듈이 우리를 구하러 온다. copy.copy() 및 copy.deepcopy() 함수를 사용하면 객체를 복제할 수 있다.

다시 한 번 이 함수들의 사용법을 이해하는 가장 좋은 방식은 단순한 실험이다. 이전의 리스트 복사 예제를 기반으로 하겠다. 간단한 이차원 점 클래스를 정의하는 것으로 시작하자.

```
class Point:
    def __init__(self, x, y):
        self.x = x
        self.y = y

    def __repr__(self):
        return f'Point({self.x!r}, {self.y!r})'
```

매우 간단하다. 파이썬 인터프리터에서 이 클래스로부터 생성된 객체를 쉽게 검사할 수 있도록 __repr__() 구현을 추가했다.

다음으로 Point 인스턴스를 생성하고 copy 모듈을 사용하여 (얕게) 복사할 것이다.

```
>>> a = Point(23, 42)
>>> b = copy.copy(a)
```

원래의 Point 객체와 그 (얕은) 복사본의 내용을 검사하면 우리가 기대하는 바를 볼 수 있다.

```
>>> a
Point(23, 42)
>>> b
Point(23, 42)
>>> a is b
False
```

여기서 명심해야 할 것이 있다. 점(point) 객체는 좌표에 원시 타입(정수형)을 사용하기 때문에 이 경우 얕은 복사와 깊은 복사에는 차이가 없다. 예제를 얼른 확장해 보겠다.

좀 더 복잡한 예제로 넘어가자. 이차원 직사각형을 표현하는 또 다른 클래스를 정의할 것이다. 좀 더 복잡한 객체 계층 구조를 만들 수 있는 방식으로 할 것이다. 즉 사각형은 Point 객체를 사용하여 좌표를 나타낸다.

```
class Rectangle:
    def __init__(self, topleft, bottomright):
        self.topleft = topleft
        self.bottomright = bottomright

    def __repr__(self):
        return (f'Rectangle({self.topleft!r}, '
                f'{self.bottomright!r})')
```

다음으로 먼저 사각형 인스턴스의 얕은 복사본을 만들려고 시도한다.

```
rect = Rectangle(Point(0, 1), Point(5, 6))
srect = copy.copy(rect)
```

원본 직사각형과 복사본을 검사하면 __repr__() 재정의가 잘돼 있고 얕은 복사 과정이 예상대로 작동했는지 알 수 있다.

```
>>> rect
Rectangle(Point(0, 1), Point(5, 6))
>>> srect
Rectangle(Point(0, 1), Point(5, 6))
>>> rect is srect
False
```

앞의 리스트 예제에서 깊은 복사본과 얕은 복사본의 차이를 어떻게 설명했는지 기억하는가? 여기서도 같은 방식으로 설명할 것이다. 객체 계층 구조에서 더 깊은 객체를 수정하면 (얕은) 복사본에도 이 변경 사항이 반영된다.

```
>>> rect.topleft.x = 999
>>> rect
Rectangle(Point(999, 1), Point(5, 6))
>>> srect
Rectangle(Point(999, 1), Point(5, 6))
```

기대했던 대로 동작했기를 바란다. 다음으로 원래 사각형의 깊은 복사본을 만든다. 그런 다음 또 다른 수정을 적용하고 어떤 객체가 영향을 받았는지 확인한다.

```
>>> drect = copy.deepcopy(rect)
>>> drect.topleft.x = 222
>>> drect
Rectangle(Point(222, 1), Point(5, 6))
>>> rect
Rectangle(Point(999, 1), Point(5, 6))
>>> srect
Rectangle(Point(999, 1), Point(5, 6))
```

보자! 이번에는 깊은 복사본(drect)이 원본(rect) 및 얕은 복사본(srect)과 완전히 독립적이다.

객체 복사에 관해 지금까지 많은 이야기를 다루었으나 아직 다루지 못한 좀 더 상세한 이야기도 남아 있다.

이 주제는 깊이 공부할 가치가 있다. 따라서 copy 모듈 문서를 공부해 보는 것도 좋다.[3] 예를 들어 객체에 __copy__()와 __deepcopy__()라는 특수한 메서드를 정의하여 각 객체를 복사하는 방식을 직접 제어할 수 있다.

요점 정리

- 객체의 얕은 복사본을 만들면 자식 객체가 복제되지 않는다. 따라서 사본은 원본과 완전히 독립적이지 않다.
- 깊은 복사는 객체의 자식 객체를 재귀적으로 복사한다. 이렇게 얻은 복사본은 원본과 완전히 독립적이지만 깊은 복사에는 그만큼 시간이 더 걸린다.
- copy 모듈을 사용하여 (사용자 정의 클래스를 포함한) 임의의 객체를 복사할 수 있다.

4.5 추상화 클래스는 상속을 확인한다

추상화 클래스(Abstract Base Class, ABC)는 파생 클래스가 기반 클래스의 특정 메서드를 구현함을 보장한다. 이번에는 추상화 클래스의 이점과 파이썬에 내장된 abc 모듈로 추상화 클래스를 정의하는 방법을 학습한다.

그렇다면 추상화 클래스는 무엇에 좋은가? 얼마 전 나는 파이썬에서 유지 보수하기 좋은 클래스 계층 구조를 구현하기 위해 어떤 패턴을 사용할지 논의를 한 적이 있다. 좀 더 구체적으로 말하자면 목표는 가장 친숙하고 유지하기 쉬운 방식으로 서비스 백엔드용의 간단한 클래스 계층을 정의하는 것이었다.

우리에게는 공통 인터페이스와 몇 가지 구체적인 구현을 정의한 Base Service 클래스가 있었다. 구체적인 구현은 서로 다른 일을 하지만 모두 동일한 인디페이스(MockService, RealService 등)를 제공한다. 이 관계를 명시적으로 만들기 위해 구체적인 구현은 모두 BaseService를 상속했다.

가능한 한 코드를 프로그래머가 쉽게 사용할 수 있고 유지 보수하기 좋도록 다음을 확인했다.

---

3 파이썬 공식 문서: 'Shallow and deep copy operations'(https://docs.python.org/3/library/copy.html)

- 기본 클래스를 인스턴스화하는 것은 불가능하다.
- 서브클래스에서 인터페이스 메서드를 구현하는 것을 잊어버리면 가능한 한 빨리 에러를 발생시킨다.

이 문제를 해결하기 위해 파이썬의 abc 모듈을 사용하는 이유는 뭘까? 앞의 디자인은 더 복잡한 시스템에서는 매우 일반적으로 볼 수 있다. 파생 클래스가 기반 클래스의 메서드들을 구현하도록 하려면 일반적으로 다음과 같은 파이썬 관용구를 사용한다.

```python
class Base:
    def foo(self):
        raise NotImplementedError()
    def bar(self):
        raise NotImplementedError()

class Concrete(Base):
    def foo(self):
        return 'foo() called'

    # 이런, bar()를 재정의하는 걸 잊어버렸군.
    # def bar(self):
    #     return "bar() called"
```

방금 본 첫 번째 시도에서 무엇을 얻을 수 있을까? Base의 인스턴스에서 메서드를 호출하면 NotImplementedError 예외가 올바르게 발생한다.

```python
>>> b = Base()
>>> b.foo()
NotImplementedError
```

Concrete도 인스턴스화하고 사용해 보면 예상대로 작동한다. 그리고 bar()와 같은 구현되지 않은 메서드를 호출하면 예외가 발생한다.

```python
>>> c = Concrete()
>>> c.foo()
'foo() called'
>>> c.bar()
NotImplementedError
```

이 첫 번째 구현은 괜찮지만 아직 완벽하지 않다. 단점은 다음과 같다.

- Base를 인스턴스화해도 에러가 나지 않는다.
- 불완전한 서브클래스를 제공한다. Concrete를 인스턴스화해도 누락된 bar() 메서드를 호출하기 전에는 에러를 발생시키지 않는다.

파이썬 2.6에 추가된 abc 모듈을 사용하면 이 일을 더 잘 수행하여 나머지 문제를 해결할 수 있다.[4] 다음은 abc 모듈에 정의된 추상화 클래스를 사용하여 코드 구현을 업데이트한 모습이다.

```python
from abc import ABCMeta, abstractmethod

class Base(metaclass=ABCMeta):
    @abstractmethod
    def foo(self):
        pass

    @abstractmethod
    def bar(self):
        pass

class Concrete(Base):
    def foo(self):
        pass

    # bar()를 선언하는 걸 또 잊어버렸다.
```

여전히 예상대로 동작하고 올바른 클래스 계층을 만든다.

```python
assert issubclass(Concrete, Base)
```

그런데 여기에는 또 다른 매우 유용한 이점이 있다. Base의 서브클래스에서 추상 메서드 구현을 깜빡했다면 '인스턴스화할 때' TypeError를 발생시킨다. 발생한 예외는 누락된 메서드가 무엇인지 알려 준다.

```python
>>> c = Concrete()
TypeError:
"Can't instantiate abstract class Concrete
with abstract methods bar"
```

abc 없이는 누락된 메서드가 실제로 호출된 경우에만 NotImplementedError를

---

4   파이썬 공식 문서: 'abc module'(https://docs.python.org/3/library/abc.html)

얼을 수 있다. 어느 메서드를 누락했는지 인스턴스를 생성할 때 알 수 있다는 것은 큰 장점이다. 그렇게 되면 유효하지 않은 서브클래스를 실수로 작성할 가능성이 줄어든다. 새로운 클래스를 작성할 당시엔 큰 이득은 아니지만 몇 주 또는 몇 달이 지나면 도움이 될 것이라고 약속한다.

물론 이 패턴은 컴파일 시 타입 검사를 완전히 대체하지는 않는다. 그러나 종종 클래스 계층을 좀 더 강력하고 유지 관리하기 쉽게 만든다. 추상화 클래스를 사용하면 프로그래머의 의도가 명확하게 나타나므로 코드 가독성을 높일 수 있다. abc 모듈 문서를 읽고 이 패턴을 적용할 수 있는 상황에 주의를 기울이기를 권장한다.

요점 정리

- 추상화 클래스는 파생 클래스가 인스턴스화될 때 기반 클래스의 추상 메서드를 모두 구현하는지 확인한다.
- 추상화 클래스를 사용하면 버그를 방지하고 클래스 계층을 쉽게 유지 관리할 수 있다.

4.6 네임드튜플은 어디에 적합한가

파이썬에는 특별한 주목을 끌지 못하는 특수한 '네임드튜플(namedtuple)' 컨테이너 타입이 있다. 보통 잘 쓰이진 않지만 파이썬의 놀라운 기능 중 하나다.

네임드튜플은 클래스를 수동으로 정의하는 데 대한 훌륭한 대안이 될 수 있으며 다른 흥미로운 기능도 있다.

그렇다면 네임드튜플은 무엇이며 왜 그렇게 특별한 것일까? 네임드튜플은 기본 tuple 데이터 타입의 확장이라고 생각하면 쉽게 이해할 수 있다.

파이썬의 튜플은 임의의 객체를 그룹화하기 위한 간단한 데이터 구조다. 튜플은 불변이므로 일단 생성되면 수정할 수 없다. 다음은 간단한 예다.

```
>>> tup = ('hello', object(), 42)
>>> tup
('hello', <object object at 0x105e76b70>, 42)
>>> tup[2]
```

```
42
>>> tup[2] = 23
TypeError:
"'tuple' object does not support item assignment"
```

평범한 튜플의 단점은 저장된 데이터를 가져오려면 정수 인덱스를 써야만 한다는 것이다. 튜플에 저장된 개별 속성에는 이름을 지정할 수 없으며 이는 코드 가독성에 영향을 줄 수 있다.

또한 튜플은 항상 임시 구조다. 두 개의 튜플에 같은 수의 필드와 같은 속성이 담겨 있다고 보장하기가 어렵다. 이러한 특성 때문에 튜플에 의존하면 필드 순서를 혼동해서 '실수로 인한' 버그를 쉽게 만들게 된다.

해결사 네임드튜플

네임드튜플은 이 두 가지 문제를 해결하려고 한다.

무엇보다도 네임드튜플은 일반 튜플과 같이 변경 불가능한 컨테이너다. 네임드튜플의 최상위 속성에 데이터를 저장한 후에는 속성을 업데이트하여 데이터를 수정할 수 없다. 네임드튜플 객체의 모든 속성은 '한 번만 쓰고 여러 번 읽는다'는 원칙을 따른다.

그 외에 네임드튜플은 글쎄…, 글자 그대로 이름 지어진 튜플이다. 고유한 (사람이 읽을 수 있는) 식별자를 통해 각 객체에 접근할 수 있다는 뜻이다. 이렇게 하면 정수 인덱스를 기억하거나 기억을 돕기 위한 정수 상수를 정의하는 등의 대안을 채택할 필요가 없다.

네임드튜플의 모양은 다음과 같다.

```
>>> from collections import namedtuple
>>> Car = namedtuple('Car' , 'color mileage')
```

네임드튜플은 파이썬 2.6에서 표준 라이브러리에 추가되었디. 이를 사용하려면 collections 모듈을 가져와야 한다. 앞의 예에서는 color와 mileage라는 두 개의 필드가 있는 간단한 Car 데이터 타입을 정의했다.

이 예제에서 namedtuple 팩터리 함수의 첫 번째 인자로 'Car'라는 문자열을 전달하는 이유가 궁금할 것이다.

이 매개 변수는 파이썬 공식 문서에서 '타입명(typename)'이라고 하여 namedtuple 함수를 호출하여 생성되는 새 클래스의 이름이 된다.

namedtuple은 우리가 결과 클래스를 할당할 변수명을 알 수 없기 때문에 사용할 클래스 이름을 명시적으로 알려 줘야 한다. 이 클래스명은 namedtuple이 개발자를 위해 자동으로 생성하는 독스트링과 __repr__ 구현에 사용된다.

그리고 이 예제에는 또 다른 구문적인 이상한 점이 있다. 필드들의 이름을 왜 'color mileage'라고 인코딩하여 전달했을까?

해답은 네임드튜플의 팩터리 함수가 split()를 이용해 필드명 문자열을 필드명 리스트로 쪼개기 때문이다. 그래서 이는 다음 두 단계를 축약한 것이 된다.

```
>>> 'color mileage'.split()
['color', 'mileage']
>>> Car = namedtuple('Car', ['color', 'mileage'])
```

물론 원한다면 필드명들을 우리가 직접 리스트로 만들어 전달할 수도 있다. 이렇게 하면 필드명들을 여러 줄로 나눠 배치할 수 있으니 코드의 포맷을 수정하기가 쉬워진다.

```
>>> Car = namedtuple('Car', [
...     'color',
...     'mileage',
... ])
```

어떤 형태로 사용하든 이제 Car 팩터리 함수로 새로운 '자동차' 객체를 만들수 있다. 이 네임드 튜플은 마치 Car 클래스를 수동으로 정의하고 'color'와 'mileage' 값을 받아들이는 생성자가 주어진 것처럼 동작한다.

```
>>> my_car = Car('red', 3812.4)
>>> my_car.color
'red'
>>> my_car.mileage
3812.4
```

namedtuple 값에는 식별자 외에도 인덱스를 사용해 접근할 수도 있다. 그래서 그런 식으로 네임드튜플은 일반 튜플의 하위 호환 대체품으로 사용할 수 있다.

```
>>> my_car[0]
'red'
>>> tuple(my_car)
('red', 3812.4)
```

튜플 풀기와 함수 인자를 풀어 주는 * 연산자도 예상대로 동작한다.

```
>>> color, mileage = my_car
>>> print(color, mileage)
red 3812.4
>>> print(*my_car)
red 3812.4
```

네임드튜플은 멋진 문자열 표현을 기본으로 제공하므로 타이핑도 줄어들고 코드도 간결해진다.

```
>>> my_car
Car(color='red' , mileage=3812.4)
```

튜플과 마찬가지로 네임트튜플은 변경 불가능하다. 필드 중 하나를 재정의하려고 하면 AttributeError 예외가 발생한다.

```
>>> my_car.color = 'blue'
AttributeError: "can't set attribute"
```

네임드튜플 객체는 내부적으로 일반 파이썬 클래스로 구현된다. 메모리 사용량도 일반 클래스보다 '좋으며' 일반 튜플만큼 메모리 효율적이다.

"네임드튜플은 파이썬에서 불변 클래스를 수동으로 정의할 때 사용할 수 있는 메모리 효율적인 지름길이다"라고 생각하는 것이 좋다.

네임드튜플 상속하기

네임드튜플은 일반 파이썬 클래스 위에서 만들어지기 때문에 네임드튜플 객체에 메서느를 추가할 수도 있다. 예를 들어 다른 클래스와 마찬가지로 네임드튜플로부터 클래스를 확장하고 그런 방식으로 메서드와 새 속성을 추가할 수 있다. 다음은 그 예다.

```
Car = namedtuple('Car', 'color mileage')

class MyCarWithMethods(Car):
    def hexcolor(self):
        if self.color == 'red':
            return '#ff0000'
        else:
            return '#000000'
```

이제 MyCarWithMethods 객체를 만들고 hexcolor() 메서드를 호출할 수 있다.

```
>>> c = MyCarWithMethods('red', 1234)
>>> c.hexcolor()
'#ff0000'
```

그러나 이 방식은 다소 거추장스럽다. 불변 속성들로 구성된 클래스를 원한다면 할 만한 가치가 있을지 모르지만 여기서는 누워서 침 뱉기다.

예를 들어 네임드튜플의 내부적인 구성 방식 때문에 새로운 '불변' 필드를 추가하기가 까다롭다. 네임드튜플 계층을 만드는 가장 쉬운 방법은 기본 튜플의 _fields 속성을 사용하는 것이다.

```
>>> Car = namedtuple('Car', 'color mileage')
>>> ElectricCar = namedtuple(
...     'ElectricCar', Car._fields + ('charge',))
```

이렇게 하면 원하는 결과를 얻을 수 있다.

```
>>> ElectricCar('red', 1234, 45.0)
ElectricCar(color='red', mileage=1234, charge=45.0)
```

내장 도우미 메서드

fields 속성 외에도 각 네임드튜플 인스턴스는 유용한 몇 가지 도우미 메서드를 제공한다. 이 메서드들의 이름은 모두 하나의 밑줄 문자()로 시작한다. 이 문자는 보통 해당 메서드나 속성이 클래스 또는 모듈의 안정된 공개 인터페이스의 일부가 아니라 '프라이빗(private)'임을 뜻한다.

하지만 네임드튜플의 경우 밑줄 명명 규칙은 다른 의미를 갖는다. 밑줄로 시작하는 도우미 메서드 및 속성은 네임드튜플의 공개 인터페이스에 포함된다.

사용자 정의 튜플 필드와의 충돌을 피하기 위해 밑줄을 사용했을 뿐이다. 따라서 필요하다면 사용하라!

네임드튜플 도우미 메서드가 도움이 될 수 있는 몇 가지 시나리오를 보여 주겠다. _asdict() 도우미 메서드로 시작해 보겠다. 이 메서드는 네임드튜플의 내용을 딕셔너리로 반환한다.

```
>>> my_car._asdict()
OrderedDict([('color', 'red'), ('mileage', 3812.4)])
```

이것은 JSON 출력을 생성할 때 필드 이름의 오타를 피하는 데 유용하다. 예를 들면 다음과 같다.

```
>>> json.dumps(my_car._asdict())
'{"color": "red", "mileage": 3812.4}'
```

또 다른 유용한 도우미인 _replace() 함수는 튜플의 (얕은) 복사본을 생성하고 필드의 일부를 선택적으로 대체할 수 있다.

```
>>> my_car._replace(color='blue')
Car(color='blue', mileage=3812.4)
```

마지막으로 _make() 클래스 메서드를 사용하여 객체 시퀀스나 반복 가능 객체로부터 새로운 네임드튜플 인스턴스를 생성할 수 있다.

```
>>> Car._make(['red', 999])
Car(color='red', mileage=999)
```

네임드튜플을 사용하면 좋은 경우

네임드튜플은 데이터를 잘 구조화하여 코드를 정돈하고 가독성이 더 좋게 하는 간단한 방법이다.

예를 들어 딕셔너리처럼 형식이 고정된 임시 데이터 타입에서 네임드튜플로 바꾸면 개발자의 의도를 좀 더 명확하게 표현할 수 있다. 종종 이런 리팩터링을 시도하다 보면 자신이 직면한 문제에 대해 마법처럼 더 나은 해결책을 찾기도 한다.

구조화되지 않은 튜플과 딕셔너리 대신 네임드튜플을 사용하면 데이터를 (어느 정도) '자체 문서화'하여 전달하므로 동료가 작업을 더 쉽게 수행할 수 있다.

다만 나는 '더 깔끔하고' 유지 보수가 쉬운 코드를 작성하는 데 도움이 되지 않는 경우에는 네임드튜플을 사용하지 않기로 했다. 이 책에 나오는 다른 많은 기술과 마찬가지로 때론 좋은 것도 과하면 안 된다.

그러나 주의해서 사용하면 의심의 여지없이 파이썬 코드를 더 훌륭하게 표현할 수 있다.

요점 정리

- collection.namedtuple은 불변 클래스를 수동으로 정의하는 메모리 효율적인 지름길이다.
- 네임드튜플은 데이터를 이해하기 쉬운 구조로 만들어 주어 코드를 정리하는 데 도움이 될 수 있다.
- 네임드튜플은 유용한 도우미 메서드를 몇 가지 제공한다. 이 메서드들의 이름은 모두 밑줄 하나로 시작하지만, 공개 인터페이스이므로 사용해도 괜찮다.

4.7 클래스 변수 대 인스턴스 변수의 함정

클래스 메서드와 인스턴스 메서드를 구별하는 것 외에도 파이썬의 객체 모델은 클래스와 인스턴스의 '변수'를 구별한다.

이는 중요한 구분일 뿐 아니라 파이썬 초보 개발자 시절 나를 괴롭힌 대상이기도 하다. 오랫동안 이 개념을 근본부터 이해하는 데 필요한 시간을 투자하지 않았다. 그래서 내 초기 객체 지향 프로그래밍 실험은 의외의 동작과 이상한 버그로 가득했다. 우리는 몇 가지 실습 예제를 통해 이 주제에 대한 오랜 혼란을 해결할 것이다.

앞서 말했듯이 파이썬 객체에는 '클래스 변수'와 '인스턴스 변수'라는 두 가지 데이터 속성이 있다.

클래스 변수는 클래스 정의 안에(그러나 인스턴스 메서드 밖에) 선언된다. 이 변수는 특정 클래스 인스턴스에 묶여 있지 않다. 대신 클래스 자체에 내용을 저장하고, 같은 클래스에서 생성된 모든 객체는 동일한 클래스 변수 집합을 공유한다. 예를 들어 클래스 변수를 수정하면 동시에 모든 객체 인스턴스에 영향을 미친다는 뜻이다.

인스턴스 변수는 항상 특정 객체 인스턴스에 묶여 있다. 그 내용은 클래스에 저장되지 않고 클래스에서 생성된 개별 객체에 저장된다. 따라서 인스턴스 변수의 내용은 객체 인스턴스마다 완전히 독립적이므로 변수의 값을 수정하면 오직 해당 객체에만 영향을 미친다.

좋다. 이러한 설명은 꽤 추상적이니 이제 코드를 볼 시간이다! 오래된 '개 예제'로 시작해 보자. 어떤 이유로 객체 지향 프로그래밍 참고서에는 항상 자동차나 반려동물을 사용하여 그 요점을 설명하는데 그 전통을 깨기는 어렵다.

행복한 개에게 필요한 것은 무엇일까? 다리 네 개와 이름 하나다.

```python
class Dog:
    num_legs = 4 # <- 클래스 변수

    def __init__(self, name):
        self.name = name # <- 인스턴스 변수
```

됐다. 방금 설명한 개의 상황을 객체 지향으로 표현했다. 새 Dog 인스턴스를 만들면 예상대로 작동하고 각 인스턴스는 name이라는 인스턴스 변수를 얻는다.

```python
>>> jack = Dog('Jack')
>>> jill = Dog('Jill')
>>> jack.name, jill.name
('Jack', 'Jill')
```

클래스 변수는 좀 더 유연하다. 각 Dog 인스턴스 또는 '클래스 자체에서' 직접 num_lcgs 클래스 변수에 접근할 수 있나.

```python
>>> jack.num_legs, jill.num_legs
(4, 4)
>>> Dog.num_legs
4
```

그러나 클래스를 통해 인스턴스 변수에 접근하려고 하면 AttributeError가 나며 실패한다. 인스턴스 변수는 각 객체 인스턴스에 특정되고 __init__ 생성자가 실행될 때 만들어진다. 클래스 자체에는 존재하지 않는다.

이것이 클래스 변수와 인스턴스 변수의 주요 차이점이다.

```
>>> Dog.name
AttributeError:
"type object 'Dog' has no attribute 'name'"
```

지금까지 잘되고 있다.

잭(Jack)이라는 강아지가 어느 날 저녁 식사를 할 때 전자레인지에 너무 가까이 다가가서 다리 한 쌍이 더 생겼다고 가정해 보자. 지금 가지고 있는 짧은 코드만 가지고 이 상황을 어떻게 표현할 수 있을까?

첫 번째 해법으로, 간단히 Dog 클래스의 num_legs 변수를 수정하는 방법을 떠올릴 수 있을 것이다.

```
>>> Dog.num_legs = 6
```

그러나 모든 개가 다리 여섯 개로 뒤뚱거리며 걷기를 원하지는 않을 것이다. 방금 클래스 변수를 수정했기 때문에 우리의 작은 우주에 있는 모든 개 인스턴스를 슈퍼 개로 바꿨다. 그리고 이 변경은 이전에 창조된 개를 포함해 모든 개에 영향을 미친다.

```
 >>> jack.num_legs, jill.num_legs
(6, 6)
```

그래서 이 해법은 효과가 없었다. '클래스 네임스페이스'에서 클래스 변수를 수정하면 클래스의 모든 인스턴스에 영향을 미치기 때문이다. 클래스 변수에 가한 변경을 되돌리고 대신 잭에게만 다리를 추가로 할당해 보자.

```
>>> Dog.num_legs = 4
>>> jack.num_legs = 6
```

이제 어떤 괴물이 만들어졌을까? 알아보자.

```
>>> jack.num_legs, jill.num_legs, Dog.num_legs
(6, 4, 4)
```

(불쌍한 잭에게 여분의 다리를 준 사실을 제외하고) 이것은 '꽤 좋아' 보인다. 그러나 이 변경은 실제로 Dog 객체들에 어떤 영향을 줄까?

원하는 결과(잭을 위한 여분의 다리)를 얻었지만, 다음 코드에서 확인할 수 있듯이 이 방식의 문제는 잭 인스턴스에 num_legs 인스턴스 변수를 도입했다는 것이다. 그리고 이제 새로운 num_legs 인스턴스 변수는 동일한 이름의 클래스 변수를 '가려' 객체 인스턴스 범위에 접근할 때 이를 무시하고 숨긴다.

```
>>> jack.num_legs, jack.__class__.num_legs
(6, 4)
```

보다시피 이 클래스 변수는 '동기화되지 않는' 것처럼 보이는데, 그 이유는 jack.num_legs에 값을 써서 클래스 변수와 똑같은 이름의 인스턴스 변수가 만들어졌기 때문이다.

이게 꼭 나쁘지는 않지만 이 뒤에서 무슨 일이 일어나는 것인지는 꼭 인지하고 있어야 한다. 이 차이는 내가 파이썬에서의 클래스 수준 범위와 인스턴스 수준 범위를 이해하기 전까지, 내 프로그램에 수많은 버그를 심어 놓은 주범으로 작용했다.

사실을 말하자면 객체 인스턴스를 통해 클래스 변수를 수정하려고 시도하는 것, 즉 실수로 이름이 같은 인스턴스 변수를 만들어 원래 클래스 변수를 가리는 것은 파이썬 객체 지향 프로그래밍의 함정이다.

개가 없는 예제

이 장을 쓰면서 해를 입은 개는 없지만(누군가가 다리를 더 달기 전까지는 재미있었다) 클래스 변수를 사용하여 유용한 일을 수행할 수 있는 신례를 한 가지 더 알려 주겠다. 개발 현장에서 클래스 변수를 응용하는 실제 모습에 조금 더 가까운 예다.

자, 다음 CountedObject 클래스는 프로그램의 수명 동안 인스턴스화된 횟수를 추적한다(실제로 흥미로운 성능 지표일 수 있다).

```
class CountedObject:
    num_instances = 0

    def __init__(self):
        self.__class__.num_instances += 1
```

CountedObject는 공유 카운터 역할을 하는 num_instances 클래스 변수를 갖고 있다. 클래스가 선언되면 카운터가 0으로 초기화된 채로 있다.

이 클래스의 새 인스턴스를 만들 때마다 __init__ 생성자가 실행되면서 공유 카운터가 1씩 증가한다.

```
>>> CountedObject.num_instances
0
>>> CountedObject().num_instances
1
>>> CountedObject().num_instances
2
>>> CountedObject().num_instances
3
>>> CountedObject.num_instances
3
```

이 코드에서 클래스의 카운터 변수를 증가시키기 위해 어떻게 접근했는지에 주목하자. 자칫하면 생성자를 다음처럼 작성하는 실수를 저지르기 쉽다.

```
# 경고: 이 구현에는 버그가 들어 있다.

class BuggyCountedObject:
    num_instances = 0

    def __init__(self):
        self.num_instances += 1 # !!!
```

보는 것처럼 이 (나쁜) 구현은 공유 카운터 변수를 증가시키지 않는다.

```
>>> BuggyCountedObject.num_instances
0
>>> BuggyCountedObject().num_instances
1
>>> BuggyCountedObject().num_instances
1
>>> BuggyCountedObject().num_instances
1
>>> BuggyCountedObject.num_instances
0
```

지금쯤이면 어디서 잘못되었는지 알 수 있을 것이다. 앞에서 '잭이라는 개' 예제에서 설명한 실수를 했기 때문에 이 (버그가 있는) 구현은 공유 카운터를 증가시키지 않는다. 실수로 생성자에서 동일한 이름의 인스턴스 변수를 만들어 num_instance 클래스 변수를 '가렸기' 때문에 올바로 작동하지 않는 것이다.

카운터의 새 값을 올바르게 계산하지만(0에서 1로) 결과를 인스턴스 변수에 저장하므로 클래스의 다른 인스턴스는 업데이트된 카운터값을 전혀 보지 못한다.

보다시피 저지르기 쉬운 실수다. 그러니 클래스 수준의 공유 상태를 처리할 때는 주의해서 재차 범위를 확인하는 것이 좋다. 자동화된 테스트 및 동료 검토는 크게 도움이 된다.

이러한 함정이 있긴 하지만 클래스 변수가 실제로 유용한 도구가 될 수 있는 이유와 클래스 변수를 올바로 사용하는 방법을 이해했기를 바란다. 행운을 빈다!

요점 정리

- 클래스 변수는 모든 클래스 인스턴스에서 공유하는 데이터를 위한 변수다. 이 변수는 특정 인스턴스가 아닌 클래스에 속하며 클래스의 모든 인스턴스 간에 공유된다.
- 인스턴스 변수는 각 인스턴스에 고유한 데이터를 위한 것이다. 개별 객체 인스턴스에 속하며 클래스의 다른 인스턴스 간에 공유되지 않는다. 각 인스턴스 변수는 각 인스턴스에 배정된 고유한 저장소를 갖는다.
- 클래스 변수는 동일한 이름의 인스턴스 변수에 의해 '가려질' 수 있기 때문에 (우연히) 덮어써서 버그나 이상한 동작을 유발하기 쉽다.

4.8 인스턴스 메서드, 클래스 메서드, 정적 메서드의 신비를 풀다

이번에는 파이썬의 '클래스 메서드', '정적 메서드', 일반 '인스턴스 메서드'에 대해 설명한다.

세 가지의 차이점을 직관적으로 이해한다면 의도를 더 분명하게 전달하고 장기적으로 유지 보수하기 더 쉬운 객체 지향 파이썬을 작성할 수 있다.

먼저 세 가지 메서드 타입 모두에 대한 간단한 예제가 들어 있는 (파이썬 3) 클래스를 작성해 보자.

```python
class MyClass:
    def method(self):
        return 'instance method called', self

    @classmethod
    def classmethod(cls):
        return 'class method called', cls

    @staticmethod
    def staticmethod():
        return 'static method called'
```

파이썬 2 사용자를 위한 참고 사항: @staticmethod와 @classmethod 데코레이터는 파이썬 2.4부터 사용할 수 있으므로 그 이후 버전을 사용한다면 이 예제는 수정하지 않아도 잘 동작한다. 일반적인 class MyClass 스타일의 선언 대신, object를 상속하는 새로운 클래스 선언 스타일인 class MyClass(object) 구문을 사용해도 된다.

인스턴스 메서드

MyClass의 첫 번째 메서드인 method는 일반 인스턴스 메서드다. 이것이 가장 흔히 사용하게 될 기본적이고 군더더기 없는 메서드 타입이다. 이 메서드는 self라는 단 하나의 매개 변수를 받는데, 이 변수는 method가 호출될 때의 MyClass 인스턴스를 가리킨다. 물론 인스턴스 메서드는 하나 이상의 매개 변수를 받아들일 수 있다.

self 매개 변수를 통해 인스턴스 메서드는 동일한 객체에 정의된 속성 및 다른 메서드에 자유롭게 접근할 수 있다. 이는 객체의 상태를 수정할 수 있도록 해 주는 강력한 기능이다.

객체 상태를 수정할 수 있을 뿐 아니라 인스턴스 메서드는 self.__class__

속성을 통해 클래스 자체에 접근할 수 있다. 즉 인스턴스 메서드가 클래스 상태를 수정할 수도 있음을 의미한다.

클래스 메서드

두 번째 메서드인 MyClass.classmethod와 비교해 보자. 이 메서드를 @classmethod[5] 데코레이터는 해당 메서드가 클래스 메서드임을 표시하는 역할이다.

객체 인스턴스를 가리키는 self 매개 변수 대신, 클래스 메서드는 클래스를 가리키는 cls 매개 변수를 받는다.

클래스 메서드는 이 cls 인자에만 접근할 수 있기 때문에 객체 인스턴스 상태를 수정할 수 없다. 그렇게 하려면 self에 접근할 수 있어야 한다. 그러나 클래스 메서드는 여전히 클래스의 모든 인스턴스에 적용되는 클래스 상태를 수정할 수 있다.

정적 메서드

세 번째 메서드인 MyClass.staticmethod는 @staticmethod[6] 데코레이터를 달아 정적 메서드로 지정되었다.

정적 메서드도 임의 개수의 매개 변수를 받아들일 수 있지만, self나 cls 매개 변수는 사용하지 않는다.

따라서 정적 메서드는 객체 상태나 클래스 상태를 수정할 수 없다. 이처럼 정적 메서드는 접근할 수 있는 데이터가 제한되며, 주로 메서드의 네임스페이스를 해당 클래스로 한정하는 용도로 사용된다.

예제 살펴보기

지금까지 설명은 상당히 이론적이었다. 이 메서드 타입들이 실전에서 어떻게 다른지에 대해 직관적으로 이해하는 것이 중요하다. 그래서 지금부터 몇 가지 구체적인 예를 살펴보겠다.

---

5 파이썬 공식 문서: '@classmethod'(https://docs.python.org/3/library/functions.html#classmethod)
6 파이썬 공식 문서: '@staticmethod'(https://docs.python.org/3/library/functions.html#staticmethod)

이 메서드들이 호출되었을 때 실제로 어떻게 동작하는지 보자. 먼저 이 클래스의 인스턴스를 만든 다음 각각의 메서드를 호출해 볼 것이다.

MyClass의 각 메서드는 해당 메서드가 클래스 또는 객체의 어느 부분에 접근할 수 있는지 그리고 무슨 일이 벌어지는지 추적하는 데 사용할 수 있는 정보를 담고 있는 튜플을 반환하는 방식으로 구현됐다.

인스턴스 메서드를 호출한 결과는 다음과 같다.

```
>>> obj = MyClass()
>>> obj.method()
('instance method called', <MyClass instance at 0x11a2>)
```

이 경우에 method라는 인스턴스 메서드는 self 인자를 통해 객체 인스턴스(<MyClass instance>로 출력됨)에 접근했음을 알 수 있다.

메서드가 호출되면 파이썬은 self 인자를 인스턴스 객체 obj로 바꾼다. 간편 문법인 점 호출(dot-call) 문법 대신 인스턴스 객체를 '직접' 전달해도 같은 결과를 얻을 수 있다. 즉 obj.method() 대신 다음과 같이 호출해도 된다.

```
>>> MyClass.method(obj)
('instance method called', <MyClass instance at 0x11a2>)
```

그런데 인스턴스 메서드는 self.__class__ 속성을 통해 '클래스 자체'에 접근할 수도 있다. 이것은 접근 제한 측면에서 인스턴스 메서드를 강력하게 만든다. 객체 인스턴스 및 클래스 자체의 상태를 자유롭게 수정할 수 있기 때문이다.

다음으로 클래스 메서드를 시험해 보자.

```
>>> obj.classmethod()
('class method called', <class MyClass at 0x11a2>)
```

classmethod()를 호출하면 <MyClass instance> 객체에는 접근할 수 없으며 클래스 자체를 나타내는 <class MyClass> 객체에만 접근할 수 있음을 보여 준다(파이썬에서는 모든 것, 심지어 클래스 자신까지도 객체다).

MyClass.classmethod()를 호출할 때 파이썬이 클래스를 함수의 첫 번째 인자로 자동 전달하는 방법에 주목하자. 점 문법을 사용해 메서드를 호출하면 이 동작이 개시된다. 인스턴스 메서드의 self 매개 변수도 동일한 방식으로 작동한다.

이러한 매개 변수를 self 및 cls라고 이름 지은 것은 단지 관례일 뿐이다. the_object와 the_class라는 이름을 붙여도 동일한 결과를 얻을 수 있다. 중요한 것은 해당 메서드의 매개 변수 목록에서 첫 번째로 위치한다는 것이다.

이제 정적 메서드를 호출할 시간이다.

```
>>> obj.staticmethod()
'static method called'
```

어떻게 객체에서 성공적으로 staticmethod()를 호출할 수 있었는지 봤는가? 객체 인스턴스에서 정적 메서드를 호출할 수 있다는 사실을 알면 놀라는 개발자도 있다.

파이썬이 정적 메서드의 접근 제한을 강제하는 방법은 아주 단순하다. 그저 점 문법으로 호출 시 self나 cls 인자를 전달하지 않는 것이다.

이렇게 해서 정적 메서드가 객체 인스턴스 상태 또는 클래스 상태에 접근할 수 없음을 보장한다. 정적 함수는 일반 함수처럼 작동하지만 클래스(그리고 모든 인스턴스)의 네임스페이스에 귀속된다.

이제 객체 인스턴스를 미리 만들지 않고 클래스 자체에서 각 타입의 메서드들을 호출하려고 하면 어떤 일이 발생하는지 살펴보자.

```
>>> MyClass.classmethod()
('class method called', <class MyClass at 0x11a2>)

>>> MyClass.staticmethod()
'static method called'

>>> MyClass.method()
TypeError: """unbound method method() must
    be called with MyClass instance as first
    argument (got nothing instead)"""
```

classmethod()와 staticmethod()는 잘 호출할 수 있었지만 인스턴스 메서드 method()를 호출하려고 하면 TypeError가 나면서 실패한다.

예상된 결과다. 이번에는 객체 인스턴스를 만들지 않았고 클래스 자체에서 직접 인스턴스 메서드를 호출하려고 했다. 즉 파이썬이 self 인자를 채울 수 있는 방법이 없으므로 호출이 TypeError 예외로 실패하는 것이다.

이상으로 세 가지 메서드 타입을 조금은 더 분명하게 구분할 수 있게 되었을 것이다. 하지만 걱정하지 말자. 나는 여기에 만족하지 않는다. 계속해서 이런 특별한 메서드 타입을 언제 사용하면 좋은지 보여 주는 좀 더 현실적인 예제 두 가지를 살펴보겠다.

다음의 Pizza 클래스를 중심으로 예제를 작성하겠다.

```python
class Pizza:
    def __init__(self, ingredients):
        self.ingredients = ingredients

    def __repr__(self):
        return f'Pizza({self.ingredients!r})'

>>> Pizza(['cheese', 'tomatoes'])
Pizza(['cheese', 'tomatoes'])
```

@classmethod로 맛있는 피자 만들기

피자를 먹어 봤다면 맛있고 다양한 메뉴가 있음을 알 것이다.

```python
Pizza(['mozzarella', 'tomatoes'])
Pizza(['mozzarella', 'tomatoes', 'ham', 'mushrooms'])
Pizza(['mozzarella'] * 4)
```

이탈리아 사람들은 수 세기 전에 그들의 피자 분류학을 고안했다. 그래서 맛좋은 피자 종류에는 이름이 부여돼 있다. 우리는 이를 활용해 Pizza 클래스의 사용자에게 그들이 먹고 싶어 하는 피자 객체를 만드는 데 필요한 더 나은 인터페이스를 제공할 수 있다.

이를 위한 훌륭하고 깨끗한 방법으로, 클래스 메서드를 활용해 다양한 종류의 피자를 만드는 '팩터리 메서드'[7]를 만들어 보자.

```python
class Pizza:
    def __init__(self, ingredients):
```

---

7 (옮긴이) 객체 지향 프로그래밍에서의 팩터리(factory) 패턴을 말한다(http://bit.ly/2rcRZvC). GoF 디자인 패턴의 팩터리 메서드 패턴(factory method pattern)과는 다르다.

```
        self.ingredients = ingredients

    def __repr__(self):
        return f'Pizza({self.ingredients!r})'

    @classmethod
    def margherita(cls):
        return cls(['mozzarella', 'tomatoes'])

    @classmethod
    def prosciutto(cls):
        return cls(['mozzarella', 'tomatoes', 'ham'])
```

팩터리 메서드인 margherita와 prosciutto에서 Pizza의 생성자를 직접 호출하는 대신 cls 인자를 활용한 모습에 주목하자.

이것은 중복 배제[8] 원칙을 따르기 위한 트릭이다. 훗날 언젠가 이 클래스의 이름을 변경하고 싶더라도 모든 팩터리 메서드에서 일일이 생성자 이름을 수정하지 않아도 된다.

자, 이 팩터리 메서드로 무엇을 할 수 있을까? 시도해 보자.

```
>>> Pizza.margherita()
Pizza(['mozzarella', 'tomatoes'])

>>> Pizza.prosciutto()
Pizza(['mozzarella', 'tomatoes', 'ham'])
```

보이는 것처럼 팩터리 메서드를 사용하여 원하는 대로 구성한 새로운 Pizza 객체를 만들 수 있다. 그것들은 모두 내부적으로 동일한 __init__ 생성자를 사용하며 다양한 재료를 기억하기 위한 손쉬운 방법을 제공한다.

클래스 메서드를 이와 같이 사용해서 다른 방식으로도 (실질적인) 클래스 생성자를 정의할 수 있음을 알게 됐을 것이다.

파이썬은 클래스당 하나의 __init__ 메서드만 허용한다. 하지만 클래스 메서드를 사용하면 필요한 만큼 많은 대체 생성자를 추가할 수 있다. 그 덕분에 클래스의 인터페이스도 (어느 정도) 자체 문서화되어 사용하기 쉬워진다.

---

8 (옮긴이) 앤드류 헌트와 데이비드 토머스가 『실용주의 프로그래머』(인사이트 펴냄)에서 제안한 팁인 "Don't Repeat Yourself" 원칙을 말한다. 반복되는 코드나 데이터가 보이면 추상화나 정규화 등을 이용해 반복을 없애라는 개발 원칙이다(위키백과: http://bit.ly/2rfzLtw).

정적 메서드를 언제 사용해야 할까?

괜찮은 예를 생각해 내는 것이 조금 어렵지만 좋은 생각이 났다. 피자 비유를 계속해서 끌고나가야겠다.

다음은 내가 생각해 낸 것이다.

```python
import math

class Pizza:
    def __init__(self, radius, ingredients):
        self.radius = radius
        self.ingredients = ingredients

    def __repr__(self):
        return (f'Pizza({self.radius!r}, '
                f'{self.ingredients!r})')

    def area(self):
        return self.circle_area(self.radius)

    @staticmethod
    def circle_area(r):
        return r ** 2 * math.pi
```

여기서 내가 뭘 바꿨을까? 우선 추가로 radius 인자를 허용하도록 생성자와 __repr__을 수정했다.

또한 피자 크기를 계산하고 반환하는 area() 인스턴스 메서드를 추가했다. @property를 사용해 속성으로 만들기에 좋은 후보지만, 가벼운 예제일 뿐이니 모른 척 넘어가 주길 바란다.

area() 메서드는 잘 알려진 공식을 사용하여 원 면적을 직접 계산하는 대신 별도의 circle_area() 정적 메서드를 사용하여 이를 계산했다.

시험해 보자!

```python
>>> p = Pizza(4, ['mozzarella', 'tomatoes'])
>>> p
Pizza(4, {self.ingredients})
>>> p.area()
50.26548245743669
>>> Pizza.circle_area(4)
50.26548245743669
```

확실히 좀 단순화한 예제이지만 정적 메서드가 제공하는 몇 가지 장점을 설명하는 데 도움이 된다.

정적 메서드는 클래스 또는 인스턴스 상태에 접근할 수 없다. 정적 메서드는 cls 또는 self 인자를 취하지 않기 때문이다. 이는 큰 제약이지만, 한편으로는 특정한 메서드가 주변의 다른 모든 것과 독립적일 수 있음을 잘 보여 준다.

앞의 예에서 circle_area()가 클래스 또는 클래스 인스턴스를 어떤 식으로든 수정할 수 없다는 게 확실하다(물론 전역 변수를 사용하여 이 한계를 우회할 수는 있지만 지금 이야기하려는 핵심과는 거리가 멀다).

이러한 특성이 왜 그렇게 유용할까?

정적 메서드라고 표시하는 것이 해당 메서드가 클래스 또는 인스턴스의 상태를 수정하지 않는다는 힌트인 것만은 아니다. 앞에서 보았듯이 이 제약은 파이썬 런타임에 의해 강제된다.

이와 같은 기술은 클래스 아키텍처의 해당 부분에 관한 의사소통을 명확하게 해 주어, 자연스럽게 새로운 개발 작업이 명시된 지침에 따라 진행되도록 유도해 준다. 물론 이런 제약을 무시하기는 쉽다. 그러나 개발 현장에서 원래 의도한 설계를 실수로 망가뜨리는 사고를 예방하는 데 효과가 좋다.

달리 말하면 정적 메서드와 클래스 메서드를 사용하는 것은 개발자의 의도를 전달하는 동시에 개발자가 자신의 의도를 강제해 대부분의 '아차' 하는 실수나 버그로 인해 그 설계를 깨뜨리지 않도록 한다.

이런 방식을 잘 활용해 메서드를 작성하면 유지 보수하기가 좋아지고 다른 개발자가 클래스를 잘못 사용할 가능성이 줄어든다.

정적 메서드는 테스트 코드 작성 시에도 이점이 있다. circle_area() 메서드는 나머지 클래스와 완전히 독립적이므로 테스트하기가 훨씬 쉽다.

단위 테스트 시 대상 메서드를 테스트하기 앞서 클래스 인스턴스를 원하는 초기 상태로 설정하는 부담이 전혀 없다. 일반 함수를 테스트하는 것처럼 그냥 실행할 수 있다. 다시 말하지만 이 덕분에 미래의 유지 보수가 좀 더 쉬워지고 객체 지향 프로그래밍 스타일과 절차적 프로그래밍 스타일 사이를 연결할 수 있다.

요점 정리

- 인스턴스 메서드는 클래스 인스턴스가 필요하며 self를 통해 인스턴스에 접근할 수 있다.
- 클래스 메서드는 클래스 인스턴스가 필요하지 않다. 인스턴스(self)에는 접근할 수 없지만 cls를 통해 클래스 자체에 접근할 수 있다.
- 정적 메서드는 cls 또는 self에 접근할 수 없다. 일반 함수처럼 작동하지만 자신을 정의한 클래스의 네임스페이스에 속한다.
- 정적 및 클래스 메서드는 (어느 정도까지는) 클래스 설계에 대한 개발자의 의도를 전달하고 강제한다. 이러한 점 덕분에 유지 보수하는 데 확실히 도움이 된다.

5장

파이썬의 일반 데이터 구조

모든 파이썬 개발자가 더욱 연습하고 배워야 할 것은 무엇일까?

데이터 구조다. 데이터 구조는 프로그램을 구축하는 근본적인 구조물이다. 각각의 데이터 구조는 고유한 방식으로 구성되어 있어서 쓰임새에 따라 더 효율적인 데이터 구조가 다를 수 있다.

나는 기술 수준이나 경험에 관계없이 프로그래머가 기본을 탄탄하게 다지면 늘 보상을 받는다고 생각한다.

그렇다고 데이터 구조 지식만 늘리는 데 초점을 맞춰야 한다고 주장하는 건 아니다. 이론 세계에만 빠져 있다 보면 아무것도 만들어 내지 못하는 실패를 맛보기 쉽기 때문이다.

그러나 데이터 구조(와 알고리즘) 지식을 닦는 데 약간만 시간을 투자해도 늘 도움이 된다는 걸 깨달았다.

며칠 동안의 집중적인 훈련이든, 긴 프로젝트에서 짬짬이 시간을 내어 공부하든 상관없다. 어느 쪽이든 분명 값진 시간이 될 것이라고 약속한다.

좋다. 파이썬의 데이터 구조는 어떨까? 리스트, 딕셔너리, 세트 등이 있다. 음, 스택? 스택도 있나?

알다시피 파이썬 표준 라이브러리에서 광범위한 데이터 구조를 제공한다는 것이 문제다. 그런데 때로는 이름이 분명하게 드러나지 않은 것도 있다.

스택과 같이 잘 알려진 '추상 데이터 타입'이 파이썬의 특정 구현과 어떻게 대응되는지 불분명한 경우도 있다. 자바와 같은 다른 언어는 더 '컴퓨터 과학적'이고 명시적인 명명 체계를 따른다. 리스트는 자바에서 단지 '리스트'가 아니라 LinkedList 또는 ArrayList다.

따라서 각 타입에서 예상되는 동작과 계산 복잡성을 쉽게 인식할 수 있다. 파이썬은 더 간단하고 '인간적인' 명명 체계를 선호하며 나는 그것을 좋아한다. 부분적으로 그런 점 때문에 파이썬으로 프로그래밍하는 것이 매우 재미있어진다.

하지만 숙련된 파이썬 개발자에게도 내장 list 타입이 연결 리스트(linked list)로 구현되는지 혹은 동적 배열로 구현되는지 여부가 명확하지 않다는 점은 단점이다. 그리고 이 지식이 부족하면 끝없는 좌절의 시간을 겪거나 취업 면접에서 떨어지는 날이 오게 된다.

이 장에서는 파이썬과 파이썬 표준 라이브러리에 내장된 추상 데이터 타입(abstract data type)의 기본적인 데이터 구조와 구현을 살펴본다.

내 목표는 가장 일반적인 추상 데이터 타입이 파이썬의 명명 체계에 어떻게 매핑되는지 알아보고 각각에 대해 간단한 설명을 제공하는 것이다. 이 정보는 파이썬 코딩 면접에 도움이 될 것이다.

일반적인 데이터 구조에 대한 지식을 쌓기 위해 좋은 책을 찾고 있다면 스티븐 스키너(Steven S. Skiena)의 『The Algorithm Design Manual』을 적극 권한다.

이 책은 균형감 있게 근본적(이고 진보적인) 데이터 구조를 가르치고 그러한 데이터 구조들을 다양한 알고리즘에서 실용적으로 사용하는 방법을 보여 준다. 스티븐의 책은 이 책을 쓰는 데 큰 도움이 되었다.

5.1 딕셔너리, 맵, 해시 테이블

파이썬에서 딕셔너리(또는 간단히 'dict')는 중심이 되는 데이터 구조다. 딕셔너리는 임의의 수의 객체를 저장하고 각각은 고유한 키(key)로 식별된다.

딕셔너리는 '맵(map), 해시맵(hashmap), 조회 테이블(lookup table) 또는 연관 배열(associative array)'이라고도 한다. 이 데이터 구조들은 주어진 키와 연관된 모든 객체의 검색, 삽입, 삭제를 효율적으로 수행한다.

실제로 이것은 무엇을 의미할까? 딕셔너리 객체에 해당하는 실제 세계의 적당한 사물로 전화번호부를 들 수 있다.

> 전화번호부를 사용하면 주어진 키(사람 이름)와 관련된 정보(전화번호)를 신속하게 검색할 수 있다. 따라서 누군가의 전화번호를 찾기 위해 전화번호부를 처음부터 순서대로 읽는 대신 찾으려는 이름으로 건너뛰어서 관련 정보를 찾을 수 있다.

빠르게 조회하기 위해 정보가 '어떻게' 구성되어 있는지 이해하기에는 이 비유로는 다소 설명이 부족하다. 그러나 기본적으로 딕셔너리를 사용하면 주어진 키와 관련된 정보를 빠르게 찾을 수 있다.

종합하면 딕셔너리는 컴퓨터 과학에서 가장 자주 사용되는 중요한 데이터 구조 중 하나다.

그렇다면 파이썬은 딕셔너리를 어떻게 처리할까?

파이썬의 핵심 부분과 파이썬 표준 라이브러리에서 사용할 수 있는 딕셔너리 구현을 살펴보자.

dict: 믿음직한 딕셔너리

그런 중요성 때문에 파이썬은 언어 차원에서 강력한 딕셔너리 구현을 제공한다. 바로 dict 데이터 타입이다.[1]

또한 딕셔너리를 쉽게 활용할 수 있도록 '간편 문법'을 제공한다. 예를 들어 중괄호 딕셔너리 표현식 구문과 딕셔너리 내포식을 사용하면 새 딕셔너리 객체를 편리하게 정의할 수 있다.

```
phonebook = { 'bob': 7387,
    'alice': 3719,
    'jack': 7052,
}

squares = {x: x * x for x in range(6)}
```

---

1 파이썬 공식 문서: 'Mapping Types - **dict**'(https://docs.python.org/3/library/stdtypes.html#mapping-types-dict)

```
>>> phonebook['alice']
3719

>>> squares
{0: 0, 1: 1, 2: 4, 3: 9, 4: 16, 5: 25}
```

객체를 키로 사용하려면 몇 가지 제약 사항을 충족해야 한다.

파이썬의 딕셔너리는 임의의 해시 가능 타입[2]인 키를 사용해 색인한다. 해시 가능 객체는 수명 동안 해시값이 변경되지 않으며(__hash__ 참조) 다른 객체와 비교할 수 있다(__eq__ 참조). 또한 동등한 해시 가능 객체들은 모두 해시값이 같아야 한다.

문자열 및 숫자와 같은 변경 불가능한 타입은 해시 가능하며 딕셔너리 키로 사용할 수 있다. 또한 해시 가능 타입만 포함하는 한, tuple 객체도 딕셔너리 키로 사용할 수 있다.

대부분의 상황은 파이썬의 내장 딕셔너리로 충분히 처리할 수 있을 것이다. 딕셔너리는 고도로 최적화되어 있으며 언어의 많은 부분을 담당한다. 예를 들어 스택 프레임의 클래스 속성 및 변수는 모두 내부적으로 딕셔너리에 저장된다.

파이썬 딕셔너리는 잘 테스트되고 정교하게 조정된 해시 테이블 구현을 기반으로 하여, 우리가 기대하는 성능을 보여 준다. 즉 일반적인 경우 조회, 삽입, 갱신 및 삭제 작업의 시간 복잡성은 $O(1)$이다.

파이썬 표준 dict 구현을 사용하지 않을 이유는 거의 없다. 그러나 특수한 서드 파티 딕셔너리 구현도 있다. 예를 들어 스킵 리스트 또는 B-트리 기반 딕셔너리가 있다.

'일반' dict 객체 외에도 파이썬의 표준 라이브러리에는 많은 수의 특수 딕셔너리 구현이 포함돼 있다. 이러한 특수 딕셔너리는 모두 딕셔너리 내장 클래스를 기반으로 하며 성능 특성을 공유하지만 그 위에 몇 가지 편의 기능을 추가한다.

하나씩 살펴보자.

---

2 파이썬 공식 문서: 'Hashable'(https://docs.python.org/3/glossary.html#term-hashable)

collections.OrderedDict: 키 삽입 순서 기억

파이썬에는 키의 삽입 순서를 기억하는 특수한 dict 서브클래스인 collections.OrderedDict[3]가 있다.

표준 dict 인스턴스도 CPython 3.6 이상에서는 키의 삽입 순서를 유지하지만 이것은 CPython 구현의 부작용이며 언어 사양[4]에 정의되어 있지는 않다. 따라서 알고리즘이 작동하는 데 키 순서가 중요하면 OrderedDict 클래스를 명시적으로 사용해 명확하게 전달하는 것이 가장 좋다.

그런데 OrderedDict는 핵심 언어에 내장된 것이 아니므로 표준 라이브러리의 collections 모듈에서 가져와야 한다.

```
>>> import collections
>>> d = collections.OrderedDict(one=1, two=2, three=3)

>>> d
OrderedDict([('one', 1), ('two', 2), ('three', 3)])

>>> d['four'] = 4
>>> d
OrderedDict([('one', 1), ('two', 2),
            ('three', 3), ('four', 4)])

>>> d.keys()
odict_keys(['one', 'two', 'three', 'four'])
```

collections.defaultdict: 누락된 키의 기본값 반환

defaultdict 클래스는 또 다른 딕셔너리 서브클래스이며 생성자에서 호출 가능한 함수를 입력받고, 요청된 키를 찾을 수 없는 경우 이 함수의 반환값을 반환한다.[5]

이렇게 하면 get() 메서드를 사용하거나 일반 딕셔너리에서 KeyError 예외를 잡아내는 것과 비교하여 타이핑을 다소 줄이고 프로그래머의 의도를 좀 더 명확하게 만들 수 있다.

---

3 파이썬 공식 문서: 'collections.OrderedDict'(https://docs.python.org/3/library/collections.html#collections.OrderedDict)

4 CPython 메일링 리스트(https://mail.python.org/pipermail/python-dev/2016-September/146327.html)

5 파이썬 공식 문서: 'collections.defaultdict'(https://docs.python.org/3/library/collections.html#collections.defaultdict)

```
>>> from collections import defaultdict
>>> dd = defaultdict(list)

# 없는 키에 접근하려고 하면 기본 팩터리를
# 사용해 키를 만들고 초기화한다.
# 예: 이 예에서 list():
>>> dd['dogs'].append('Rufus')
>>> dd['dogs'].append('Kathrin')
>>> dd['dogs'].append('Mr Sniffles')
>>> dd['dogs']
['Rufus', 'Kathrin', 'Mr Sniffles']
```

collections.ChainMap: 여러 딕셔너리를 단일 매핑으로 검색

collections.ChainMap 데이터 구조는 여러 개의 딕셔너리를 하나의 매핑으로 그룹화한다.[6] 조회할 때는 키가 발견될 때까지 내부의 딕셔너리들을 하나씩 검사한다. 삽입, 갱신, 삭제는 체인에 추가된 첫 번째 딕셔너리에만 영향을 미친다.

```
>>> from collections import ChainMap
>>> dict1 = {'one': 1, 'two': 2}
>>> dict2 = {'three': 3, 'four': 4}
>>> chain = ChainMap(dict1, dict2)

>>> chain
ChainMap({'one': 1, 'two': 2}, {'three': 3, 'four': 4})

# ChainMap은 키를 찾거나 못 찾을 때까지 왼쪽에서
# 오른쪽으로 체인에 있는 컬렉션을 검색한다.
>>> chain['three']
3
>>> chain['one']
1
>>> chain['missing']
KeyError: 'missing'
```

types.MappingProxyType: 읽기 전용 딕셔너리를 만들기 위한 래퍼

MappingProxyType은 표준 딕셔너리를 감싼 래퍼로, 감싸진 딕셔너리의 데이터에 대한 읽기 전용 인터페이스를 제공한다.[7] 이 클래스는 파이썬 3.3에 추가됐

---

6 파이썬 공식 문서: 'collections.ChainMap'(https://docs.python.org/3/library/collections.html#collections.ChainMap)

7 파이썬 공식 문서: 'types.MappingProxyType'(https://docs.python.org/3/library/types.html#types.MappingProxyType)

으며 변경 불가능한 프락시 버전의 딕셔너리를 만드는 데 사용할 수 있다.

예를 들어 클래스나 모듈의 내부 상태를 가져올 수는 있으나 쓰기는 제한하고자 할 때 유용하다. MappingProxyType을 사용하면 딕셔너리의 전체 사본을 만들 필요 없이 이러한 제약을 적용할 수 있다.

```
>>> from types import MappingProxyType
>>> writable = {'one': 1, 'two': 2}
>>> read_only = MappingProxyType(writable)

# 프락시는 읽기 전용이다.
>>> read_only['one']
1
>>> read_only['one'] = 23
TypeError:
"'mappingproxy' object does not support item assignment"

# 원본 업데이트가 프락시에 반영된다.
>>> writable['one'] = 42
>>> read_only
mappingproxy({'one': 42, 'two': 2})
```

파이썬의 딕셔너리: 결론

이 장에 나열된 파이썬 딕셔너리 구현은 파이썬 표준 라이브러리에 내장된 유용한 것들이다.

여러분이 프로그램에서 사용할 일반적인 매핑 타입을 추천받고 싶다면 나는 내장된 dict 데이터 타입을 알려 줄 것이다. 이것은 핵심 언어에 직접 내장된 다용도의 최적화된 해시 테이블 구현이다.

dict가 제공하는 것 이상의 특별한 요구 사항이 있다면 여기 나열한 다른 데이터 타입 중 하나를 사용하기를 추천한다.

나는 모든 옵션이 유효하다고 생각한다. 그러나 대개 파이썬 표준 딕셔너리에 의존하면 다른 개발자가 코드를 명확하고 쉽게 관리할 수 있다

요점 정리

· 딕셔너리는 파이썬의 중심 데이터 구조다.
· 내장된 dict 타입은 대부분의 상황에서 '충분히 좋다'.

- 읽기 전용이거나 정렬된 딕셔너리와 같은 특수한 구현도 파이썬 표준 라이브러리에서 이용할 수 있다.

5.2 배열 데이터 구조

배열은 대부분의 프로그래밍 언어에서 사용할 수 있는 기본 데이터 구조이며 서로 다른 알고리즘에서 다양한 용도로 사용된다.

이번에는 파이썬 표준 라이브러리에 포함된 핵심 언어 기능만 사용하는 파이썬의 배열 구현들에 대해 살펴보겠다.

각 접근법의 강점과 약점을 볼 수 있으므로 용도에 적합한 구현을 결정할 수 있을 것이다. 그러나 시작하기 전에 몇 가지 기초를 다뤄 보자.

배열은 어떻게 작동하며 용도는 무엇일까?

배열은 인덱스를 기반으로 각 요소를 효율적으로 배치할 수 있는 고정 크기 데이터 레코드로 구성된다.

배열은 인접한 메모리 블록에 정보를 저장하기 때문에 '연속적인' 데이터 구조로 간주된다(예를 들어 연결 리스트와 같은 '연결된' 데이터 구조와 반대).

현실 세계에서는 '주차장'에 비유할 수 있다.

주차장 전체를 하나의 물건으로 취급할 수 있지만 주차장 안에는 각 주차 장소에 고유한 번호가 있다. 주차 장소는 차량용 컨테이너다. 각 주차 장소는 비어 있거나 자동차, 오토바이, 기타 차량이 주차될 수 있다.

그러나 모든 주차장이 동일하지는 않다.

일부 주차장은 한 종류의 차량으로 제한될 수 있다. 예를 들어 자동차용 주차장에는 자전거를 주차할 수 없다. '제한된' 주차장은 동일한 데이터 타입 저장만 허용하는 '타입 지정 배열' 데이터 구조에 해당한다.

인덱스가 부여된 배열에서 요소를 찾기란 매우 빠르다. 제대로 구현된 배열이라면 이 경우 일정한 $O(1)$ 접근 시간을 보장한다.

파이썬은 표준 라이브러리에 배열과 비슷한 몇 가지 데이터 구조를 포함하고 있다. 하나씩 살펴보자.

list: 가변 동적 배열

리스트는 파이썬 언어의 핵심 중 하나다.[8] 이름은 리스트지만 파이썬의 리스트는 내부에서 '동적 배열'로 구현된다. 즉 리스트에는 요소를 추가하거나 제거할 수 있으며 리스트는 메모리를 할당하거나 해제함으로써 요소를 담는 저장소 크기를 자동으로 조정한다.

파이썬 리스트는 임의의 요소를 가질 수 있다. 파이썬에서는 함수를 비롯해 '모든 것'이 객체다. 따라서 서로 다른 종류의 데이터 타입을 뒤섞어서 단일 리스트에 저장할 수 있다.

이것은 강력한 기능이 될 수 있지만 동시에 여러 데이터 타입을 지원한다는 것은 일반적으로 데이터를 조밀하게 저장하지 못함을 의미한다. 결과적으로 전체 구조에 더 많은 공간이 소비된다.

```
>>> arr = ['one', 'two', 'three']
>>> arr[0]
'one'

# 리스트에는 멋진 repr이 있다.
>>> arr
['one', 'two', 'three']

# 리스트는 변경할 수 있다.
>>> arr[1] = 'hello'
>>> arr
['one', 'hello', 'three']

>>> del arr[1]
>>> arr
['one', 'three']

# 리스트에는 임의의 데이터 타입을 담을 수 있다.
>>> arr.append(23)
>>> arr
['one', 'three', 23]
```

---

8 파이썬 공식 문서: 'list'(https://docs.python.org/3.6/library/stdtypes.html#lists)

tuple: 불변 컨테이너

리스트와 마찬가지로 튜플도 파이썬 핵심 언어의 일부다.[9] 그러나 리스트와 달리 tuple 객체는 변경이 불가능하다. 즉 요소를 동적으로 추가하거나 제거할 수 없으며 생성할 때 튜플의 모든 요소를 정의해야 한다.

튜플은 리스트와 마찬가지로 임의의 데이터 타입의 요소를 담을 수 있다. 이러한 유연성 덕분에 강력하지만, 타입 지정 배열보다 메모리 공간을 더 차지한다.

```
>>> arr = 'one', 'two', 'three'
>>> arr[0]
'one'

# 튜플에는 멋진 repr이 있다.
>>> arr
('one', 'two', 'three')

# 튜플은 변경할 수 없다.
>>> arr[1] = 'hello'
TypeError:
"'tuple' object does not support item assignment"

>>> del arr[1]
TypeError:
"'tuple' object doesn't support item deletion"

# 튜플에는 임의의 데이터 타입을 담을 수 있다
# (요소를 추가하면 튜플의 복사본을 만든다).
>>> arr + (23,)
('one', 'two', 'three', 23)
```

array.array: 기본적인 타입 지정 배열

파이썬의 array 모듈은 바이트, 32비트 정수, 부동소수점 숫자 등과 같은 기본 C 스타일 데이터 타입을 담을 수 있는 메모리 효율적인 저장 공간을 제공한다.

array.array 클래스로 작성된 배열은 리스트와 비슷하게 변경 가능한데 한 가지 중요한 차이점이 있다. 바로 단일 데이터 타입으로 제한된 '타입 지정 배열'이라는 점이다.[10]

---

9   파이썬 공식 문서: 'tuple'(https://docs.python.org/3/library/stdtypes.html#tuple)
10   파이썬 공식 문서: 'array.array'(https://docs.python.org/3/library/array.html)

이러한 제약 때문에 많은 요소를 담은 array.array 객체는 리스트 및 튜플보다 공간 효율적이다. 여기에 저장된 요소들은 메모리에 빽빽하게 채워 넣어져 같은 타입의 요소를 많이 저장해야 할 때 유용하다.

또한 배열은 일반 리스트와 공통되는 메서드를 다수 지원하므로 애플리케이션 코드를 변경하지 않고도 '손쉬운 대체 코드'로 사용할 수 있다.

```
>>> arr[1]
1.5

# 배열에는 멋진 repr이 있다.
>>> arr
array('f', [1.0, 1.5, 2.0, 2.5])

# 배열은 변경할 수 있다.
>>> arr[1] = 23.0
>>> arr
array('f', [1.0, 23.0, 2.0, 2.5])

>>> del arr[1]
>>> arr
array('f', [1.0, 2.0, 2.5])

>>> arr.append(42.0)
>>> arr
array('f', [1.0, 2.0, 2.5, 42.0])

# 배열은 '타입이 지정'되어 있다.
>>> arr[1] = 'hello'
TypeError: "must be real number, not str"
```

str: 유니코드 문자의 불변 배열

파이썬 3.x에서는 str 객체를 사용하여 텍스트 데이터를 유니코드 문자의 불변이며 연속적인 데이터로 저장한다.[11] 실제로 str은 불변의 문자 배열이다. 특이하게도 str은 재귀적 데이터 구조다. 즉 str의 각 문자는 길이가 1인 str 객체나.

문자열 객체는 단일 데이터 타입에 특화되어 있고 밀집되어 있기 때문에 공간 효율적이다. 따라서 유니코드 텍스트를 저장하는 경우 이를 사용해야 한다.

---

11 파이썬 공식 문서: 'str'(https://docs.python.org/3/library/stdtypes.html#text-sequence-type-str)

문자열은 파이썬에서 불변이므로 문자열을 수정하려고 하면 수정된 복사본이 만들어진다. '가변 문자열'과 가장 비슷한 것은 개별 문자를 리스트에 저장하는 것이다.

```
>>> arr = 'abcd'
>>> arr[1]
'b'

>>> arr
'abcd'

# 문자열은 변경할 수 없다.
>>> arr[1] = 'e'
TypeError:
"'str' object does not support item assignment"

>>> del arr[1]
TypeError:
"'str' object doesn't support item deletion"

# 문자열을 풀어서(unpack) 리스트로 만들어
# 변경 가능한 표현을 얻을 수 있다.
>>> list('abcd')
['a', 'b', 'c', 'd']
>>> ''.join(list('abcd'))
'abcd'

# 문자열은 재귀적 데이터 구조다.
>>> type('abc')
"<class 'str'>"
>>> type('abc'[0])
"<class 'str'>"
```

bytes: 단일 바이트의 불변 배열

바이트 객체는 단일 바이트($0 \leq x \leq 255$ 범위의 정수)의 불변이며 연속된 데이터다.[12] 개념적으로는 str 객체와 비슷하지만 불변의 바이트 배열로 생각할 수 있다.

문자열과 마찬가지로 bytes는 객체 생성을 위한 리터럴 문법을 제공하며 공간 효율적이다. 바이트 객체는 불변이지만 문자열과 달리 bytearray라는 전용 '가변 바이트 배열' 데이터 타입이 있다. 이것에 대해서는 다음 절에서 다룬다.

---

12 파이썬 공식 문서: 'bytes'(https://docs.python.org/3/library/stdtypes.html#bytes-objects)

```
>>> arr = bytes((0, 1, 2, 3))
>>> arr[1]
1

# 바이트 리터럴은 자체 문법이 있다.
>>> arr
b'\x00\x01\x02\x03'
>>> arr = b'\x00\x01\x02\x03'

# 유효한 '바이트'만 허용된다.
>>> bytes((0, 300))
ValueError: "bytes must be in range(0, 256)"

# 바이트는 변경할 수 없다.
>>> arr[1] = 23
TypeError:
"'bytes' object does not support item assignment"

>>> del arr[1]
TypeError:
"'bytes' object doesn't support item deletion"
```

bytearray: 단일 바이트의 가변 배열

bytearray 타입은 $0 \leq x \leq 255$ 범위의 정수로 이뤄진 변경 가능한 연속 데이터다.[13] bytes 객체와 밀접한 연관이 있으며 주요한 차이점은 바이트 배열은 자유롭게 수정할 수 있다는 것이다. 요소를 덮어쓰거나 기존 요소를 제거하고 새로 추가할 수 있다. bytearray 객체의 크기는 그에 따라 증가되거나 축소된다.

바이트 배열은 불변의 bytes 객체로 다시 변환될 수 있다. 그러나 저장된 데이터를 전부 복사하므로 $O(n)$ 시간이 걸리는 느린 작업이다.

```
>>> arr = bytearray((0, 1, 2, 3))
>>> arr[1]
1

# 바이트 배열 repr:
>>> arr
bytearray(b'\x00\x01\x02\x03')

# 바이트 배열은 변경할 수 있다.
>>> arr[1] = 23
>>> arr
```

---

13 파이썬 공식 문서: 'bytearray'(https://docs.python.org/3.1/library/functions.html#bytearray)

```
bytearray(b'\x00\x17\x02\x03')

>>> arr[1]
23

# 바이트 배열 크기는 늘어나거나 줄어들 수 있다.
>>> del arr[1]
>>> arr
bytearray(b'\x00\x02\x03')

>>> arr.append(42)
>>> arr
bytearray(b'\x00\x02\x03*')

# 바이트 배열에는 '바이트'만 담을 수 있다.
# (0 <= x <= 255 범위의 정수)
>>> arr[1] = 'hello'
TypeError: "an integer is required"

>>> arr[1] = 300
ValueError: "byte must be in range(0, 256)"

# 바이트 배열은 바이트 객체로 다시 변환될 수 있다
# (그렇게 하면 데이터가 복사될 것이다).
>>> bytes(arr)
b'\x00\x02\x03*'
```

요점 정리

파이썬에는 배열을 구현할 때 선택할 수 있는 내장 데이터 구조가 많이 준비되어 있다. 여기서는 표준 라이브러리에 포함된 핵심 언어 기능과 데이터 구조에 중점을 두었다.

파이썬 표준 라이브러리 이외에는 NumPy[14]와 같은 서드 파티 패키지가 과학 연산 및 데이터 과학을 위한 광범위한 빠른 배열 구현을 제공한다.

파이썬에 포함된 배열 데이터 구조로 제한했기 때문에 우리가 선택한 것은 다음과 같다.

잠재적으로 여러 가지 데이터 타입의 임의 객체를 저장해야 하는가? 불변 데이터 구조를 원하는지 여부에 따라 list 또는 tuple을 사용하라.

숫자(정수 또는 부동소수점) 데이터가 있고 메모리 효율과 성능이 중요한가?

---

14 www.numpy.org

array.array를 사용해 보고 필요한 모든 작업을 수행하는지 확인하자. 또한 표준 라이브러리 이외의 것을 생각한다면 NumPy 또는 팬더스(Pandas)와 같은 패키지를 사용해 보자.

유니코드 문자로 표시된 텍스트 데이터가 있나? 내장 str을 사용하자. '가변 문자열'이 필요하면 문자열로 구성된 list를 사용하자.

연속적인 바이트 블록을 저장하고 싶나? 변경 불가능한 bytes를 사용하거나 변경 가능한 데이터 구조가 필요하면 bytearray를 사용하자.

대부분의 경우 나는 간단한 list로 시작하길 선호한다. 나중에 성능이나 메모리 효율이 문제가 되는 경우에만 다른 것으로 교체한다. 대부분의 경우 list와 같은 범용 배열 데이터 구조를 사용하면 가장 빠른 개발 속도와 프로그래밍 편의성을 누릴 수 있다.

나는 이렇게 시작하는 편이 성능을 위해 처음부터 마지막 땀방울까지 짜내려고 노력하는 것보다 중요하다는 사실을 알게 됐다.

5.3 레코드, 구조체, 데이터 전송 객체

배열과 비교하여 레코드(record) 데이터 구조는 고정된 수의 필드를 제공하며 각 필드는 이름을 가질 수 있고 서로 다른 타입을 담을 수도 있다.

이번에는 표준 라이브러리의 내장 데이터 타입과 클래스만 사용하여 파이썬에서 레코드, 구조체 및 'POD(plain old data) 객체'를 구현하는 법을 보여 준다.

그런데 나는 여기에서 '레코드'의 정의를 느슨하게 사용한다. 예를 들어 파이썬에 내장된 tuple과 같은 타입에 대해서도 이야기할 것이다. 이 튜플은 이름이 지정된 필드를 제공하지 않기 때문에 엄격한 의미로 레코드로 간주될 수도 있고 그렇지 않을 수도 있다.

파이썬은 레코드와 구조체, 데이터 전송 객체를 구현하는 데 사용할 수 있는 여러 데이터 타입을 제공한다. 이 절에서는 각 구현과 그 고유한 특성을 간략하게 살펴본다. 마무리 부분에서는 선택에 도움이 될 요약과 의사 결정 가이드를 알려 줄 것이다.

좋다, 시작하자!

dict: 간단한 데이터 객체

파이썬 딕셔너리는 임의의 수의 객체를 저장하고 각 객체는 고유한 키로 식별한다.[15] 딕셔너리는 '맵' 또는 '연관 배열'이라고도 하며 주어진 키와 연관된 객체를 효율적으로 검색, 삽입, 삭제할 수 있다.

딕셔너리를 레코드 데이터 타입 또는 데이터 객체로 사용하는 것이 가능하다. 딕셔너리는 이름 그대로의 형태인 간편 문법을 제공하기 때문에 쉽게 작성할 수 있다. 딕셔너리 구문은 간결하고 입력하기에 매우 편리하다.

딕셔너리를 사용하여 작성된 데이터 객체는 변경 가능하며 필드는 언제든지 자유롭게 추가, 제거할 수 있기 때문에 철자가 틀린 필드명에 대한 보호 기능은 거의 없다. 이러한 특성은 모두 놀라운 버그를 유발할 수 있다. 편의성과 에러 내구성 사이에는 항상 상충 관계가 있는 법이다.

```python
car1 = {
    'color': 'red',
    'mileage': 3812.4,
    'automatic': True,
}
car2 = {
    'color': 'blue',
    'mileage': 40231,
    'automatic': False,
}

# 딕셔너리에는 멋진 repr이 있다.
>>> car2
{'color': 'blue', 'automatic': False, 'mileage': 40231}

# 주행 거리를 가져온다.
>>> car2['mileage']
40231

# 딕셔너리는 변경할 수 있다.
>>> car2['mileage'] = 12
>>> car2['windshield'] = 'broken'
>>> car2
{'windshield': 'broken', 'color': 'blue',
 'automatic': False, 'mileage': 12}

# 잘못되거나 빠지거나 추가된 필드명은
# 보호되지 않는다.
```

---

15 '5.1 딕셔너리, 맵, 해시 테이블' 참고

```
car3 = {
    'colr': 'green',
    'automatic': False,
    'windshield': 'broken',
}
```

tuple: 불변 객체 그룹

파이썬의 튜플은 임의의 객체를 그룹화하는 간단한 데이터 구조다.[16] 튜플은
변경이 불가능하다. 생성된 후에는 수정할 수 없다.

성능 측면에서 볼 때 튜플은 CPython의 리스트보다 약간 적은 메모리를 차
지하며 더 빨리 생성된다.[17]

다음 바이트코드 디스어셈블리에서 볼 수 있듯이 튜플 상수를 생성하는 데
는 하나의 LOAD_CONST 연산 코드만 필요한 반면 동일한 내용의 리스트 객체를
생성하는 데는 몇 가지 연산이 더 필요하다.

```
>>> import dis
>>> dis.dis(compile("(23, 'a', 'b', 'c')", '', 'eval'))
          0 LOAD_CONST           4 ((23, 'a', 'b', 'c'))
          3 RETURN_VALUE

>>> dis.dis(compile("[23, 'a', 'b', 'c']", '', 'eval'))
          0 LOAD_CONST           0 (23)
          3 LOAD_CONST           1 ('a')
          6 LOAD_CONST           2 ('b')
          9 LOAD_CONST           3 ('c')
         12 BUILD_LIST           4
         15 RETURN_VALUE
```

그러나 이러한 차이점을 너무 강조해서는 안 된다. 실제로 이 성능 차이는 무
시해도 좋을 것이다. 리스트에서 튜플로 전환하여 프로그램에서 추가 성능을
쥐어짜려는 시도는 잘못된 접근일 수 있다.

일반 튜플의 잠재적인 단점은 저장된 데이터를 가져오는 방법이 정수 인덱
스뿐이라는 것이다. 튜플에 저장된 개별 속성에는 이름을 지정할 수 없다. 이
는 코드 가독성에 영향을 줄 수 있다.

---

16 파이썬 공식 문서: 'tuple'(https://docs.python.org/3/library/stdtypes.html#tuple)
17 CPython의 tupleobject.c와 listobject.c

또한 튜플은 항상 애드혹(ad-hoc) 구조다. 그래서 두 개의 튜플에 같은 수의 필드와 동일한 속성이 저장되어 있는지 확인하기가 어렵다.

이러한 특성 때문에 필드 순서를 뒤섞는 것과 같은 '실수로 인한' 버그를 쉽게 만들 수 있다. 따라서 튜플에 저장된 필드 수를 가능한 한 적게 유지하는 것이 좋다.

```python
# 필드: 색상, 주행 거리, 자동 여부
>>> car1 = ('red', 3812.4, True)
>>> car2 = ('blue', 40231.0, False)

# 튜플 인스턴스에는 멋진 repr이 있다.
>>> car1
('red', 3812.4, True)
>>> car2
('blue', 40231.0, False)

# 주행 거리를 가져온다.
>>> car2[1]
40231.0

# 튜플은 변경할 수 없다.
>>> car2[1] = 12
TypeError:
"'tuple' object does not support item assignment"

# 잘못되거나 빠지거나 추가된 필드명은
# 보호되지 않는다.
>>> car3 = (3431.5, 'green', True, 'silver')
```

사용자 정의 클래스 작성: 코드가 늘어날수록 제어할 것도 늘어난다

클래스를 사용하면 데이터 객체에 대한 재사용 가능한 '청사진'을 정의하여 모든 객체가 동일한 필드 집합을 제공하도록 할 수 있다.

일반적인 파이썬 클래스를 레코드 데이터 타입으로 사용할 수도 있지만, 다른 내장 타입들이 제공하는 편의 기능들을 사용하고 싶다면 추가 작업이 필요하다. 예를 들어 __init__ 생성자에 새로운 필드를 추가하려면 장황해지고 시간이 오래 걸린다.

또한 객체의 기본 문자열 표현은 사용자 정의 클래스에는 별로 도움이 되지 않는다. 이 문제를 해결하려면 자신만의 __repr__ 메서드를 추가해야 할 수도 있다.[18] 이 메서드는 일반적으로 매우 장황하며 새로운 필드를 추가할 때마다 갱신해야 한다.

클래스에 저장된 필드는 변경 가능하며 새로운 필드를 자유롭게 추가할 수 있다. 이 특성은 사용자가 좋아할 수도 있고 그렇지 않을 수도 있다. 접근 제어를 더 세밀하게 할 수 있고 @property[19] 데코레이터를 사용하여 읽기 전용 필드를 만들 수는 있지만 다시 한 번 더 많은 접착 코드(glue code)[20]를 작성해야 한다.

사용자 정의 클래스 작성은 메서드를 사용하여 레코드 객체에 비즈니스 로직과 '동작'을 추가하려는 경우 언제나 유용한 옵션이다. 그러나 이는 이러한 객체가 기술적으로 더 이상 일반 데이터 객체(plain data object)가 아니라는 것을 의미한다.

```python
class Car:
    def __init__(self, color, mileage, automatic):
        self.color = color
        self.mileage = mileage
        self.automatic = automatic

>>> car1 = Car('red', 3812.4, True)
>>> car2 = Car('blue', 40231.0, False)

# 주행 거리를 가져온다.
>>> car2.mileage
40231.0

# 클래스는 변경할 수 있다.
>>> car2.mileage = 12
>>> car2.windshield = 'broken'

# 문자열 표현은 그다지 유용하지 않다
# (손수 작성한 __repr__ 메서드를 추가해야 한다).
>>> car1
<Car object at 0x1081e69e8>
```

collections.namedtuple: 편리한 데이터 객체

파이썬 2.6 이상에서 사용할 수 있는 namedtuple 클래스는 내장 tuple 데이

---

18 '4.2 문자열 변환(모든 클래스는 __repr__이 필요하다)' 참고
19 파이썬 공식 문서: 'property'(https://docs.python.org/3/library/functions.html#property)
20 (옮긴이) 호환이 되도록 서로 다른 부분을 연결해 주는 코드를 말한다.

터 타입의 확장판이다.[21] 사용자 정의 클래스를 정의하는 것과 마찬가지로 namedtuple을 사용하면 정확한 필드명만 허용하는 레코드의 재사용 가능한 청사진을 정의할 수 있다.

네임드튜플은 일반 튜플과 같이 변경할 수 없다. 즉 네임드튜플 인스턴스를 만든 후에는 새 필드를 추가하거나 기존 필드를 수정할 수 없다.

그 외에도 네임드튜플은 글쎄…, 이름 지어진 튜플이다. 고유한 식별자를 통해 네임드튜플에 저장된 각 객체에 접근할 수 있다. 이렇게 하면 정수 인덱스를 기억할 필요가 없으며 인덱스를 떠올리기 위한 기호로써의 정수 상수를 정의하는 등의 방법을 사용하지 않아도 된다.

네임드튜플 객체는 내부적으로 일반 파이썬 클래스로 구현된다. 메모리 사용량에 관해서도 일반 클래스보다 '더 좋으며' 일반 튜플만큼 효율적이다.

```
>>> from collections import namedtuple
>>> from sys import getsizeof

>>> p1 = namedtuple('Point', 'x y z')(1, 2, 3)
>>> p2 = (1, 2, 3)

>>> getsizeof(p1)
72
>>> getsizeof(p2)
72
```

네임드튜플은 데이터를 더 잘 구조화하여 코드를 정돈하고 가독성이 좋게 만들 수 있는 간단한 방법이다.

딕셔너리와 같은 데이터 타입을 네임드튜플로 바꾸면 코드의 의도를 좀 더 명확하게 표현하는 데 도움이 된다. 나는 종종 이런 리팩터링을 적용하다 보면 직면한 문제에 대한 더 나은 해결책이 마법처럼 떠오르곤 한다.

일반적인(구조화되지 않은) 튜플과 딕셔너리 대신 네임드튜플을 사용하면 동료들도 쉽게 사용할 수 있다. 네임드튜플은 적어도 어느 정도는 '자체 문서화'된 데이터를 만든다.

```
>>> from collections import namedtuple
>>> Car = namedtuple('Car' , 'color mileage automatic')
```

---

21 '4.6 네임드튜플은 어디에 적합한가' 참고

```
>>> car1 = Car('red', 3812.4, True)

# 인스턴스에는 멋진 repr이 있다.
>>> car1
Car(color='red', mileage=3812.4, automatic=True)

# 필드에 접근한다.
>>> car1.mileage
3812.4

# 필드는 변경할 수 없다.
>>> car1.mileage = 12
AttributeError: "can't set attribute"
>>> car1.windshield = 'broken'
AttributeError:
"'Car' object has no attribute 'windshield'"
```

typing.NamedTuple: 개선된 네임드튜플

파이썬 3.6에 추가된 이 클래스는 collections 모듈의 namedtuple 클래스의 더 어린 형제다.[22] namedtuple과 매우 흡사하며 주요한 차이점은 새로운 레코드 타입을 정의하고 타입 힌트를 지원하도록 갱신된 구문이다.

타입 주석(annotation)은 mypy[23]와 같은 별도의 타입 확인 도구 없이는 적용되지 않는다. 그러나 도구 지원 없이도 다른 프로그래머에게 유용한 힌트를 제공할 수 있다(또는 타입 힌트가 오래되어 현재 구현과 맞지 않다면 굉장히 혼란스러울 것이다).

```
>>> from typing import NamedTuple

class Car(NamedTuple):
    color: str
    mileage: float
    automatic: bool

>>> car1 = Car('red', 3812.4, True)

# 인스턴스에는 멋신 repr이 있나.
>>> car1
Car(color='red', mileage=3812.4, automatic=True)

# 필드에 접근한다.
```

---

22 파이썬 공식 문서: 'typing.NamedTuple'(https://docs.python.org/3/library/typing.html#typing.NamedTuple)
23 mypy-lang.org

```
>>> car1.mileage. 3812.4

# 필드는 변경할 수 없다.
>>> car1.mileage = 12
AttributeError: "can't set attribute"
>>> car1.windshield = 'broken'
AttributeError:
"'Car' object has no attribute 'windshield'"

# mypy 같은 별도 타입 확인 도구 없이는
# 타입 주석은 적용되지 않는다.
>>> Car('red', 'NOT_A_FLOAT', 99)
Car(color='red', mileage='NOT_A_FLOAT', automatic=99)
```

struct.Struct: 직렬화된 C 구조체

struct.Struct 클래스[24]는 파이썬 bytes 객체로 직렬화된 C 구조체와 파이썬 값 사이의 변환을 수행한다. 예를 들어 파일에 저장되거나 네트워크로부터 들어오는 이진 데이터를 처리하는 데 사용할 수 있다.

구조체는 char, int, long, unsigned 등 다양한 C 데이터 타입의 배열을 정의할 수 있는 형식 문자열 같은 미니 언어를 사용해 정의된다.

직렬화된 구조체는 순수하게 파이썬 코드 내에서 처리되는 데이터 객체를 나타내는 데는 거의 사용되지 않는다. 파이썬 코드에서만 사용되는 데이터를 메모리에 저장하는 방법이라기보다는 주로 데이터 교환 형식으로 사용된다.

경우에 따라 기본 데이터를 구조체에 담으려면 다른 데이터 타입으로 유지하는 것보다 메모리를 적게 사용할 수 있다. 그러나 대부분의 경우 상당히 고급(그리고 아마도 불필요한) 최적화가 될 것이다.

```
>>> from struct import Struct
>>> MyStruct = Struct('i?f')
>>> data = MyStruct.pack(23, False, 42.0)

# 데이터 블롭(blob)만 얻는다.
>>> data
b'\x17\x00\x00\x00\x00\x00\x00\x00\x00\x00(B'

# 데이터 블롭은 다시 풀(unpack) 수 있다.
>>> MyStruct.unpack(data)
(23, False, 42.0)
```

---

24 파이썬 공식 문서: 'struct.Struct'(https://docs.python.org/3/library/struct.html#struct.Struct)

types.SimpleNamespace: 세련된 속성 접근

파이썬에는 데이터 객체를 구현하기 위한 또 하나의 '난해한' 방법인 types.SimpleNamespace가 있다.[25] 이 클래스는 파이썬 3.3에서 추가됐으며 네임스페이스의 속성에 접근할 수 있도록 해 준다.

SimpleNamespace 인스턴스는 모든 키를 클래스 속성으로 노출한다. 즉 일반 딕셔너리에서 사용하는 obj['key'] 대괄호 인덱스 문법 대신 obj.key '점' 속성 접근을 사용할 수 있다. 모든 인스턴스는 기본적으로 유효한 __repr__도 포함한다.

이름에서 알 수 있듯이 SimpleNamespace는 간단하다! 기본적으로 속성을 가져올 수 있고 이를 멋지게 출력해 주는 조금 개선된 딕셔너리다. 속성은 자유롭게 추가, 수정, 삭제할 수 있다.

```
>>> from types import SimpleNamespace
>>> car1 = SimpleNamespace(color='red',
...                        mileage=3812.4,
...                        automatic=True)

# 기본 repr:
>>> car1
namespace(automatic=True, color='red', mileage=3812.4)

# 인스턴스는 속성 접근을 지원하고 변경할 수 있다.
>>> car1.mileage = 12
>>> car1.windshield = 'broken'
>>> del car1.automatic
>>> car1
namespace(color='red', mileage=12, windshield='broken')
```

요점 정리

이제 파이썬에서 데이터 객체에 어떤 타입을 사용해야 할까? 지금까지 보았듯이 레코드 또는 데이터 객체를 구현하는 데는 다양한 옵션이 있다. 일반적으로 어떤 것이 최선이냐는 경우에 따라 다르다.

몇 개(2~3)의 필드만 갖고 있다: 필드 순서를 기억하기 쉽거나 필드명이 불

---

25 파이썬 공식 문서: 'types.SimpleNamespace'(https://docs.python.org/3/library/types.html#types.SimpleNamespace)

필요한 경우 일반 튜플 객체를 사용하면 좋다. 예를 들어 삼차원 공간에서 (x, y, z) 점을 생각해 보라.

불변 필드가 필요하다: 이 경우 일반 튜플, collections.namedtuple, typing. NamedTuple은 모두 이 타입의 데이터 객체를 구현하기 좋은 옵션이다.

오타가 발생하지 않도록 필드 이름을 고정할 필요가 있다: collections. namedtuple과 typing.NamedTuple은 개발자의 친구다.

간단하게 유지하기를 원한다: 일반 딕셔너리 객체는 JSON과 매우 비슷한 편리한 구문을 제공하므로 좋은 선택일 수 있다.

데이터 구조를 완전히 제어할 필요가 있다: @property의 세터(setter)와 게터(getter)를 사용하여 사용자 정의 클래스를 작성해야 한다.

객체에 동작(메서드)을 추가해야 한다: 사용자 정의 클래스를 처음부터 작성하거나 collections.namedtuple 또는 typing.NamedTuple을 확장하여 작성해야 한다.

데이터를 디스크에 저장하거나 네트워크로 전송해야 해서 데이터를 일렬로 빽빽하게 담아야 한다: struct.Struct를 사용하는 것이 좋다.

안전하고 기본적인 선택을 찾고 있는가? 일반 레코드나 구조체, 데이터 객체를 구현하기 위한 일반적인 권장 사항은 파이썬 2.x에서는 collections. namedtuple을 사용하고, 파이썬 3에서는 그 형제인 typing.NamedTuple을 사용하는 것이다.

5.4 세트와 멀티세트

이번에서는 표준 라이브러리의 내장 데이터 타입과 클래스를 사용하여 변경 가능하거나 변경 불가능한 세트와 멀티세트 데이터 구조를 구현하는 방법을 설명한다. 우선 세트 데이터 구조가 무엇인지 간단히 살펴보자.

'세트'는 중복 요소를 허용하지 않는 정렬되지 않은 컬렉션이다. 일반적으로 세트는 특정 값이 세트에 포함되는지를 빠르게 테스트하고 새 값을 삽입하거나 삭제하며 두 세트의 합집합 또는 교집합을 계산하는 데 사용된다.

'제대로' 구현된 세트라면 구성원 테스트가 $O(1)$이라는 빠른 시간에 실행된다. 합집합, 교집합, 차집합, 부분집합 작업은 평균 $O(n)$ 시간이 소요된다. 파이썬의 표준 라이브러리에 포함된 세트 구현은 이러한 성능 특성을 만족한다.[26]

딕셔너리와 마찬가지로 세트는 파이썬에서 특별 대우를 받으며 쉽게 만들 수 있는 간편 문법을 가지고 있다. 예를 들어 중괄호 세트 표현식 구문과 세트 내포식을 사용하면 편리하게 세트 인스턴스를 정의할 수 있다.

```
vowels = {'a', 'e', 'i', 'o', 'u'}
squares = {x * x for x in range(10)}
```

그러나 조심하자. '빈 세트'를 만들려면 set() 생성자를 호출해야 한다. 빈 괄호 {}를 사용하면 빈 딕셔너리를 대신 생성한다.

파이썬 표준 라이브러리는 몇 가지 세트 구현을 제공한다. 하나씩 살펴보자.

set: 나만의 믿음직한 세트

set은 파이썬의 내장 세트 구현이다.[27] 변경 가능하며 요소를 동적으로 삽입하고 삭제할 수 있다.

파이썬의 세트는 dict 데이터 타입에 의해 뒷받침되며 동일한 성능 특성을 공유한다. 해시 가능한 객체라면 모두 세트에 저장할 수 있다.[28]

```
>>> vowels = {'a', 'e', 'i', 'o', 'u'}
>>> 'e' in vowels
True

>>> letters = set('alice')
>>> letters.intersection(vowels)
{'a', 'e', 'i'}

>>> vowels.add('x')
>>> vowels
{'i', 'a', 'u', 'o', 'x', 'e'}

>>> len(vowels)
6
```

---

26 wiki.python.org/moin/TimeComplexity
27 파이썬 공식 문서: 'set'(https://docs.python.org/3/library/stdtypes.html#set-types-set-frozenset)
28 파이썬 공식 문서: 'hashable'(https://docs.python.org/3/glossary.html#term-hashable)

frozenset: 불변 세트

frozenset 클래스는 set의 '불변' 버전으로 생성된 후에는 변경할 수 없다.[29] 프로즌세트는 정적이며 요소에 대한 쿼리 작업만 허용한다(삽입이나 삭제는 허용되지 않는다). 프로즌세트는 정적이며 해시 가능하기 때문에 딕셔너리 키 또는 다른 세트의 요소로 사용할 수 있다. 일반 (가변) set 객체로는 불가능한 일이다.

```
>>> vowels = frozenset({'a', 'e', 'i', 'o', 'u'})
>>> vowels.add('p')
AttributeError:
"'frozenset' object has no attribute 'add'"

# 프로즌세트는 해시 가능하고
# 딕셔너리 키로 사용할 수 있다.
>>> d = { frozenset({1, 2, 3}): 'hello' }
>>> d[frozenset({1, 2, 3})]
'hello'
```

collections.Counter: 멀티세트

파이썬 표준 라이브러리의 collections.Counter 클래스는 요소가 두 번 이상 나타날 수 있는 멀티세트(또는 bag[30]) 타입을 구현한다.[31]

이는 요소가 세트의 일부인지 아닌지뿐 아니라 세트에 포함된 '횟수'를 추적해야 할 때 유용하다.

```
>>> from collections import Counter
>>> inventory = Counter()

>>> loot = {'sword': 1, 'bread': 3}
>>> inventory.update(loot)
>>> inventory
Counter({'bread': 3, 'sword': 1})

>>> more_loot = {'sword': 1, 'apple': 1}
>>> inventory.update(more_loot)
>>> inventory
Counter({'bread': 3, 'sword': 2, 'apple': 1})
```

---

29 파이썬 공식 문서: 'frozenset'(https://docs.python.org/3/library/stdtypes.html#set-types-set-frozenset)

30 (옮긴이) 스몰토크의 Bag 클래스를 말한다.

31 파이썬 공식 문서: 'collections.Counter'(https://docs.python.org/3/library/collections.html#collections. Counter)

Counter 객체의 요소 수를 셀 때는 주의해야 한다. len()을 호출하면 멀티세트의 고유 요소 수를 반환하는 반면, sum() 함수를 사용하면 총 요수 수가 반환된다.

```
>>> len(inventory)
3 # 고유 요소
```

```
>>> sum(inventory.values())
6 # 총 요소
```

요점 정리

- 세트는 파이썬과 파이썬 표준 라이브러리에 포함된 또 다른 유용하고 범용적으로 사용되는 데이터 구조다.
- 변경 가능한 세트가 필요하면 내장 set 타입을 사용하자.
- frozenset 객체는 해시 가능하며 딕셔너리 또는 세트의 키로 사용할 수 있다.
- collections.Counter는 멀티세트 또는 '가방(bag)' 데이터 구조를 구현한다.

5.5 스택(LIFO)

스택(stack)은 삽입과 삭제를 '후입선출(last-in, first-out; LIFO)' 방식으로 빠르게 처리해 주는 객체 컬렉션이다. 리스트나 배열과 달리 스택은 일반적으로 요소 객체로의 임의 접근을 허용하지 않는다. 삽입 및 삭제 작업은 종종 '푸시(push)'와 '팝(pop)'이라고도 한다.

스택 데이터 구조는 현실 세계의 '접시 쌓기'에 비유된다.

> 새 접시가 스택 맨 위에 추가된다. 그리고 접시는 비싸고 무거우므로 맨 위 접시만 움직일 수 있다(후입선출). 스택 아래쪽에 있는 접시를 빼내려면 맨 위에부터 하나씩 제거해야 한다.

스택과 큐(queue)는 비슷하다. 둘 다 순차적인 컬렉션이며, 원소에 접근하는 순서만 다르다.

큐에서는 가장 오래전에 추가된 요소를 제거한다(first-in, first-out 또는 FIFO: 선입선출). 스택을 사용하면 가장 최근에 추가된 항목을 제거한다(후입선출 또는 LIFO).

제대로 구현한 스택은 삽입 및 삭제 작업에 $O(1)$ 시간이 걸린다.

스택은 알고리즘에서 광범위한 용도로 쓰인다. 이를테면 언어 구문 분석 및 런타임 메모리 관리('호출 스택')에 쓰인다. 또 트리(tree) 또는 그래프(graph) 데이터 구조에서 깊이 우선 탐색(depth-first search, DFS)은 스택을 활용한 짧고 아름다운 알고리즘이라 할 수 있다.

파이썬에는 각각 약간 다른 특성을 가진 여러 스택 구현이 포함되어 있다. 하나씩 살펴보고 특성을 비교해 보자.

list: 간단한 내장 스택

파이썬의 내장 list 타입은 $O(1)$ 시간에 푸시 및 팝 작업을 수행하므로 괜찮은 스택 데이터 구조다.[32]

파이썬의 리스트는 내부적으로 동적 배열로 구현된다. 즉 항목이 추가되거나 제거될 때 저장된 항목의 저장 공간 크기를 가끔씩 조정해야 하는 경우가 있다. 리스트는 저장소를 필요보다 많이 할당해 두므로 푸시 또는 팝을 수행할 때마다 크기를 조정해야 하는 건 아니다. 그래서 이러한 작업에 대해 결과적으로 $O(1)$ 시간 복잡성을 갖는다.

단점은 연결 리스트 기반 구현(이를테면 collections.deque, 다음 절 참조)에서 제공하는 안정적인 $O(1)$ 삽입과 삭제보다 성능에서 일관성이 떨어지는 것이다. 반면에 리스트는 요소로의 무작위 접근을 빠른 $O(1)$ 시간에 수행할 수 있다는 이점을 추가로 제공한다.

리스트를 스택으로 사용할 때 인지해야 할 중요한 성능상의 주의점은 다음과 같다.

삽입, 삭제 시 $O(1)$ 성능을 얻으려면 새 항목은 append() 메서드를 사용하여

---

[32] 파이썬 공식 문서: 'Using lists as stacks'(https://docs.python.org/3/tutorial/datastructures.html#using-lists-as-stacks)

리스트의 끝에 추가하고, 제거할 때는 pop() 메서드를 사용하여 끝에 있는 항목부터 제거해야 한다. 즉 최적의 성능을 위해 리스트 기반 스택은 더 높은 인덱스 쪽으로 커지고 더 낮은 인덱스 쪽으로 줄어들어야 한다.

앞쪽부터 추가, 제거하는 작업은 훨씬 느리고 $O(n)$ 시간이 필요하다. 새 요소를 저장하기 위한 공간을 만들기 위해 기존 요소를 옮겨야 하기 때문이다. 이는 가능한 한 피해야 하는 성능 안티패턴이다.

```
>>> s = []
>>> s.append('eat')
>>> s.append('sleep')
>>> s.append('code')

>>> s
['eat', 'sleep', 'code']

>>> s.pop()
'code'
>>> s.pop()
'sleep'
>>> s.pop()
'eat'

>>> s.pop()
IndexError: "pop from empty list"
```

collections.deque: 빠르고 강력한 스택

deque 클래스는 $O(1)$ 시간에 어느 쪽에서든 요소를 추가, 삭제할 수 있는 양단 큐다. 데크는 양쪽 끝에서 요소를 동일하게 추가, 제거해도 되기 때문에 큐와 스택으로 모두 사용할 수 있다.[33]

deque 객체는 이중 연결 리스트로 구현되어 요소를 삽입하고 삭제하는 데 있어 탁월하고 일관된 성능을 제공하지만 스택 중간의 임의 원소에 접근하려 할 때는 나쁜 $O(n)$ 성능을 갖는다.[34]

전반적으로 collections.deque는 파이썬의 표준 라이브러리에서 연결 리스트의 성능 특성을 가지는 스택 데이터 구조를 찾는 경우에 가장 적합한 옵션이다.

---

33 파이썬 공식 문서: 'collections.deque'(https://docs.python.org/3/library/collections.html#collections.deque)
34 CPython의 _collectionsmodule.c

```
>>> from collections import deque
>>> s = deque()
>>> s.append('eat')
>>> s.append('sleep')
>>> s.append('code')

>>> s
deque(['eat', 'sleep', 'code'])

>>> s.pop() '
code'
>>> s.pop()
'sleep'
>>> s.pop()
'eat'

>>> s.pop()
IndexError: "pop from an empty deque"
```

queue.LifoQueue: 병렬 컴퓨팅을 위한 잠금 체계

이 LifoQueue 스택 구현은 동기 방식이며 동시에 여러 생산자와 소비자를 지원하는 잠금 체계를 제공한다.[35]

LifoQueue 외에도 queue 모듈에는 병렬 컴퓨팅에 유용한 다중 생산자/다중 소비자 큐를 구현하는 몇 가지 클래스가 포함되어 있다.

용도에 따라 잠금 체계가 도움이 될 수도 있고 불필요한 부하가 발생할 수도 있다. 잠금 체계가 필요 없다면 범용 스택으로 list나 deque를 사용하는 것이 더 좋다.

```
>>> from queue import LifoQueue >>> s = LifoQueue()
>>> s.put('eat')
>>> s.put('sleep')
>>> s.put('code')
>>> s
<queue.LifoQueue object at 0x108298dd8>

>>> s.get()
'code'
>>> s.get()
'sleep'
>>> s.get()
'eat'
```

35 파이썬 공식 문서: 'queue.LifoQueue'(https://docs.python.org/3/library/queue.html#queue.LifoQueue)

```
>>> s.get_nowait()
queue.Empty

>>> s.get()
# 블록되어 영원히 기다린다.
```

파이썬의 스택 구현 비교하기

앞서 보았듯이 파이썬에는 스택 데이터 구조를 구현한 클래스가 여러 개 포함되어 있다. 이것들 모두 약간씩 특성이 다르며, 성능과 사용성 면에서도 장단점이 있다.

병렬 처리를 지원하지 않아도 된다면(또는 수동으로 잠금 해제를 처리하지 않으려는 경우) 내장된 list 타입 또는 collections.deque를 선택한다. 이 둘의 차이는 내부에서 사용되는 데이터 구조와 전반적인 사용 편의성에 있다.

- list는 동적 배열로 구성됐다. 동적 배열은 빠른 임의 접근이 가능하지만 항목이 추가되거나 삭제될 때 가끔씩 크기를 조정해야 한다. 리스트는 저장 공간을 여유 있게 할당하므로 모든 푸시 또는 팝이 크기 조정을 요구하지는 않아서 이런 작업의 시간 복잡도는 $O(1)$이다. 그러나 append()와 pop()을 사용하여 '오른쪽부터' 항목을 삽입하고 제거하지 않으면 성능이 $O(n)$까지 느려지니 주의하자.
- collections.deque는 양쪽 끝에서 추가 및 삭제를 최적화하는 이중 연결 리스트로 설계되어 이러한 작업에 일관성 있는 $O(1)$ 성능을 제공한다. 성능이 좀 더 안정적일 뿐 아니라 '잘못된 끝'에서 항목을 추가하거나 제거하는 것에 대해 걱정할 필요가 없기 때문에 사용하기 더 쉽다.

요약하면 collections.deque는 파이썬에서 스택(LIFO 큐)을 구현할 때 탁월한 선택이라고 생각한다.

요점 정리

- 파이썬은 성능과 사용 특성이 조금씩 다른 여러 가지 스택 구현을 제공한다.
- collections.deque는 안전하고 빠른 범용 스택 구현을 제공한다.

- 내장된 list 타입은 스택으로 사용할 수 있지만 성능 저하를 피하려면 append() 및 pop()만 사용하여 항목을 추가하거나 제거해야 하니 주의하자.

5.6 큐(FIFO)

이번에는 파이썬 표준 라이브러리의 내장 데이터 타입과 클래스만 사용하여 FIFO 큐 데이터 구조를 구현하는 법을 살펴보자. 하지만 먼저 큐가 무엇인지 다시 살펴보겠다.

큐는 선입선출(FIFO) 방식의 삽입과 삭제를 지원하는 객체 컬렉션이다. 삽입 및 삭제 작업은 때때로 '인큐(enqueue)'와 '디큐(dequeue)'로 불린다. 리스트나 배열과 달리 큐는 내부 객체에 대한 임의 접근을 허용하지 않는 것이 일반적이다.

다음은 현실 세계에서 가져온 선입선출 큐에 대한 비유다.

파이콘(PyCon) 등록 첫날에 콘퍼런스 배지를 받으려는 파이썬 사용자들이 줄을 서서 기다리고 있다고 상상해 보자. 행사장에 새로 들어온 사람들은 대기줄의 맨 뒤에 가서 선다. 배지는 맨 앞에서 나눠 주므로 당연히 맨 앞쪽 사람부터 배지를 받고 줄에서 빠져나간다.

큐 데이터 구조의 특성을 암기하는 또 다른 방법은 '파이프'로 생각하는 것이다.

새로운 물체(물 분자, 탁구 공 등)는 한쪽 끝으로 들어와 다른 사람이 다시 제거할 수 있는 다른 곳으로 이동한다. 물체가 큐(단단한 금속 파이프)에 있는 동안에는 꺼낼 수 없다. 큐에 있는 물체와 상호 작용할 수 있는 유일한 방법은 새 물체를 뒤에 추가(인큐)하거나 앞쪽의 물체를 제거(디큐)하는 것이다.

큐는 스택과 비슷한데 그 차이는 항목이 제거되는 방식에 있다.

큐에서는 가장 오래전에 추가된 항목을 제거한다(선입선출 또는 FIFO). 그러나 스택을 사용하면 가장 최근에 추가된 항목을 제거한다(후입선출 또는 LIFO).

제대로 구현한 큐는 삽입 및 삭제 작업에 $O(1)$ 시간이 걸린다. 삽입과 삭제는 큐가 지원하는 두 가지 핵심 작업이며, 구현만 제대로 되었다면 아주 빠르게 수행된다.

큐는 알고리즘에서 다양하게 응용할 수 있고 병렬 프로그래밍과 스케줄링 문제를 해결하는 데 종종 도움이 된다. 예를 들어 트리나 그래프 데이터 구조에서 너비 우선 탐색(breadth-first search, BFS)은 큐를 활용한 짧고 아름다운 알고리즘이라 할 수 있다.

스케줄링 알고리즘은 종종 우선순위 큐를 내부적으로 사용한다. 이는 특수한 큐다. 우선순위 큐는 언제 삽입되었느냐와 상관없이 '우선순위가 가장 높은' 항목을 먼저 제거한다. 개별 항목의 우선순위는 키에 적용된 순서 규칙에 따라 큐가 결정한다. 우선순위 큐와 그 구현 방법은 5.7절에서 자세히 살펴볼 것이다.

그러나 일반 큐는 전달하는 항목의 순서를 바꾸지 않는다. 파이프 예제와 마찬가지로 '넣은 것을 얻을 수 있다.' 그리고 정확히 순서대로다.

파이썬에서는 특성이 약간씩 다른 여러 큐 구현이 제공된다. 하나씩 살펴보자.

list: 끔찍하게 느린 큐

일반 list를 큐로 사용할 수는 있지만 성능 관점에서는 바람직하지 않다.[36] 요소를 리스트의 맨 앞에 삽입하거나 삭제하려면 다른 모든 요소를 하나씩 변경해야 하기 때문에 $O(n)$ 시간을 요구하므로 큐로 사용하기에는 상당히 느리다.

따라서 소수의 요소만 다루는 경우를 제외하고 list를 큐로 사용하는 것은 권하지 않는다.

```
>>> q = []
>>> q.append('eat')
>>> q.append('sleep')
>>> q.append('code')

>>> q
```

---

36 파이썬 공식 문서: 'Using lists as queues'(https://docs.python.org/3/tutorial/datastructures.html#using-lists-as-queues)

```
['eat', 'sleep', 'code']

# Careful: This is slow!
>>> q.pop(0)
'eat'
```

collections.deque: 빠르고 강력한 큐

deque 클래스는 항목을 어느 끝에 추가하거나 삭제하더라도 $O(1)$ 시간에 처리해 주는 양단 큐다. 데크는 양 끝에서 항목을 동일하게 추가하고 제거할 수 있으므로 큐와 스택 모두로 사용할 수 있다.[37]

파이썬의 deque 객체는 이중 연결 리스트로 구현된다.[38] 이는 항목 삽입 및 삭제에 대해 탁월하고 일관된 성능을 제공하지만 스택 중간의 요소에 임의로 접근하는 경우 형편없는 $O(n)$ 성능을 보인다.

결과적으로 파이썬 표준 라이브러리에서 큐 데이터 구조를 찾고 있다면 collections.deque가 가장 좋은 선택이다.

```
>>> from collections import deque
>>> q = deque()
>>> q.append('eat')
>>> q.append('sleep')
>>> q.append('code')

>>> q
deque(['eat', 'sleep', 'code'])

>>> q.popleft()
'eat'
>>> q.popleft()
'sleep'
>>> q.popleft()
'code'

>>> q.popleft()
IndexError: "pop from an empty deque"
```

queue.Queue: 병렬 컴퓨팅을 위한 잠금 체계

queue.Queue는 동기 방식으로 구현되었으며 동시에 여러 생산자와 소비자에게

---

37 파이썬 공식 문서: 'collections.deque'(https://docs.python.org/3/library/collections.html#collections.deque)
38 CPython의 _collectionsmodule.c

잠금 체계를 제공한다.[39]

queue 모듈에는 병렬 컴퓨팅에 유용한 다중 생산자/다중 소비자 큐를 구현하는 몇 가지 다른 클래스가 포함되어 있다.

용도에 따라 잠금 체계가 도움이 되거나 불필요한 부하가 발생할 수 있다. 잠금 체계가 필요하지 않다면 queue.Queue 대신 collections.deque를 범용 큐로 사용하는 것이 좋다.

```
>>> from queue import Queue
>>> q = Queue()
>>> q.put('eat')
>>> q.put('sleep')
>>> q.put('code')

>>> q
<queue.Queue object at 0x1070f5b38>

>>> q.get()
'eat'
>>> q.get()
'sleep'
>>> q.get()
'code'

>>> q.get_nowait()
queue.Empty

>>> q.get()
# 블록되어 영원히 기다린다.
```

multiprocessing.Queue: 공유 작업 큐

큐 안의 항목들을 여러 작업자가 동시에 처리할 수 있게 해 주는 공유 작업 큐 구현이다.[40] 단일 인터프리터 프로세스에서 일부 병렬 실행을 못하게 제한하는 전역 인터프리터 잠금(GIL) 때문에 CPython에서는 프로세스 기반 병렬화가 널리 사용된다.

프로세스 간에 데이터를 공유하기 위한 특별한 큐 구현인 multiprocessing.Queue를 사용하면 GIL 제한을 해결하고 여러 프로세스 간에 작업을 쉽게 배포

---

39 파이썬 공식 문서: 'queue.Queue'(https://docs.python.org/3/library/queue.html#queue.Queue)
40 파이썬 공식 문서: 'multiprocessing.Queue'(https://docs.python.org/3/library/multiprocessing.html#multiprocessing.Queue)

할 수 있다. 이런 타입의 큐는 프로세스 경계를 넘어서 피클(pickle) 가능한 객체를 저장하고 전송할 수 있다.

```
>>> from multiprocessing import Queue
>>> q = Queue()
>>> q.put('eat')
>>> q.put('sleep')
>>> q.put('code')

>>> q
<multiprocessing.queues.Queue object at 0x1081c12b0>

>>> q.get()
'eat'
>>> q.get()
'sleep'
>>> q.get()
'code'

>>> q.get()
# 블록되어 영원히 기다린다.
```

요점 정리

- 파이썬의 핵심 언어 및 표준 라이브러리는 여러 가지 큐 구현을 가지고 있다.
- list 객체는 큐로 사용할 수 있지만 일반적으로 성능이 좋지 않으므로 권하지 않는다.
- 병렬 처리 지원을 찾고 있지 않다면 collections.deque가 FIFO 큐 데이터 구조를 구현할 때 훌륭한 선택이다. deque는 우수한 큐 구현에서 기대하는 성능 특성을 제공하며 스택(LIFO 큐)으로도 사용할 수 있다.

5.7 우선순위 큐

우선순위 큐는 전 순서 집합(totally ordered set, toset)[41]으로 된 키(예를 들어 숫자 가중치)가 있는 레코드 집합을 관리하는 컨테이너 데이터 구조다. 그리고 레코드 집합에서 '가장 작은' 키 또는 '가장 큰' 키를 사용하여 레코드에 빠르게

---

41 (옮긴이) 임의의 두 원소를 비교할 수 있는 집합을 말한다.

접근할 수 있다.

우선순위 큐를 큐의 변형으로 생각할 수 있다. 언제 삽입되었느냐와 상관없이 '우선순위가 가장 높은' 항목을 먼저 제거한다. 개별 항목의 우선순위는 해당 키에 적용된 순서에 따라 결정된다.

우선순위 큐는 일반적으로 긴급성이 높은 작업에 우선순위를 부여하는 등 스케줄링 문제 처리에 사용된다.

운영 체제 작업 스케줄러가 하는 일에 대해 생각해 보자.

> 이상적으로 시스템에서 우선순위가 높은 작업(예를 들어 실시간 게임)은 우선순위가 낮은 작업(예를 들어 백그라운드에서 업데이트 다운로드)보다 우선시되어야 한다. 작업의 긴급성을 키로 사용하는 우선순위 큐로 남은 작업들을 관리함으로써, 작업 스케줄러는 우선순위가 가장 높은 작업을 신속하게 선택하여 먼저 실행하도록 허용한다.

이번 절에서는 내장 데이터 구조나 파이썬 표준 라이브러리의 데이터 구조를 사용하여 우선순위 큐를 구현하는 방법을 몇 가지 살펴볼 것이다. 각 구현에는 자체적인 장단점이 있지만 가장 일반적인 시나리오에서는 확실한 승자가 있다. 어떤 것들이 있는지 알아보자.

list: 수동으로 정렬된 큐 유지하기

정렬된 list를 사용하면 가장 작은 항목 또는 가장 큰 항목을 신속하게 찾아서 삭제할 수 있다. 단점은 새 항목을 삽입하는 데는 느린 $O(n)$ 시간이 걸린다는 점이다.

삽입 지점은 표준 라이브러리의 bisect.insort[42]를 사용하여 $O(\log n)$ 시간에 찾을 수 있지만 느린 삽입 단계 때문에 속도 개선 효과가 없다.

리스트에 항목을 추가한 후 다시 정렬해 순서를 유지하려면 적어도 $O(n \log n)$ 시간이 걸린다. 또 다른 단점은 새 항목이 삽입될 때 수동으로 리스트를 다시 정렬해야 한다는 것이다. 이 단계를 빠뜨리면 곧바로 버그가 되므로 개발자

---

42 파이썬 공식 문서: 'bisect.insort'(https://docs.python.org/3/library/bisect.html#bisect.insort)

에게는 항상 부담이 된다.

따라서 정렬된 리스트는 삽입이 거의 없을 경우에만 우선순위 큐로 사용해 볼 수 있을 것이다.

```python
q = []

q.append((2, 'code'))
q.append((1, 'eat'))
q.append((3, 'sleep'))

# 주의: 재정렬할 때마다
#      새 요소가 삽입된다.
#      bisect.insort()를 사용해 보라.
q.sort(reverse=True)

while q:
    next_item = q.pop()
    print(next_item)

# 결과:
#  (1, 'eat')
#  (2, 'code')
#  (3, 'sleep')
```

heapq: 리스트 기반 이진 힙

이것은 일반 list에 의해 뒷받침되는 이진 힙 구현이다.[43] 그리고 가장 작은 항목의 삽입과 추출을 $O(log\ n)$ 시간에 해낸다.

이 모듈은 파이썬에서 우선순위 큐를 구현하기에 좋은 선택이다. heapq는 기술적으로 최소(min) 힙 구현만 제공하기 때문에 '실용적인' 우선순위 큐에서 일반적으로 요구하는 정렬 안정성과 다른 기능들을 보장하려면 추가 작업을 해 줘야 한다.[44]

```python
import heapq

q = []

heapq.heappush(q, (2, 'code'))
```

---

43 파이썬 공식 문서: 'heapq'(https://docs.python.org/3/library/heapq.html)

44 파이썬 공식 문서: 'Priority queue implementation notes'(https://docs.python.org/3/library/heapq.html #priority-queue-implementation-notes)

```
heapq.heappush(q, (1, 'eat'))
heapq.heappush(q, (3, 'sleep'))

while q:
    next_item = heapq.heappop(q)
    print(next_item)

# 결과:
#   (1, 'eat')
#   (2, 'code')
#   (3, 'sleep')
```

queue.PriorityQueue: 아름다운 우선순위 큐

이 우선순위 큐 구현은 내부적으로 heapq를 사용하고 동일한 시간과 공간 복잡성을 공유한다.[45]

다른 점은 PriorityQueue는 동기 방식이며 동시에 여러 생산자와 소비자를 지원하는 잠금 체계를 제공한다는 것이다.

용도에 따라 도움이 될 수도 있고 프로그램을 약간 느리게 할 수도 있다. 어떤 경우에는 heapq에서 제공하는 함수 기반 인터페이스보다 PriorityQueue에서 제공하는 클래스 기반 인터페이스를 선호할 수 있다.

```
from queue import PriorityQueue

q = PriorityQueue()

q.put((2, 'code'))
q.put((1, 'eat'))
q.put((3, 'sleep'))

while not q.empty():
    next_item = q.get()
    print(next_item)

# 결과:
#   (1, 'eat')
#   (2, 'code')
#   (3, 'sleep')
```

---

45 파이썬 공식 문서: 'queue.PriorityQueue'(https://docs.python.org/3/library/queue.html#queue.PriorityQueue)

요점 정리

- 파이썬에는 우선순위 큐 구현이 몇 가지 포함되어 있다.
- queue.PriorityQueue는 멋진 객체 지향 인터페이스와 그 의도를 명확하게 나타내는 이름 덕분에 돋보인다. 여러분이 선호하는 선택이 될 것이다.
- queue.PriorityQueue의 잠금 부하를 피하려면 heapq 모듈을 직접 사용하는 것도 좋다.

6장

반복과 이터레이션

6.1 파이썬다운 반복문 작성하기

C 스타일 언어를 쓰다가 최근에 파이썬을 선택한 개발자를 알아보는 가장 쉬운 방법 중 하나는 반복문 작성법을 살펴보는 것이다.

예를 들어 다음과 같은 토막 코드를 쓰는 사람은 파이썬 코드를 C나 자바처럼 작성하려는 사람이다.

```python
my_items = ['a', 'b', 'c']

i=0
while i < len(my_items):
    print(my_items[i])
    i += 1
```

이 코드에서 '파이썬답지 않은' 것은 무엇일까? 두 가지가 있다.

먼저 이 코드는 수동으로 인덱스 i를 0으로 초기화하고 반복마다 인덱스를 신중하게 증가시킨다.

둘째, 얼마나 반복할지 결정하기 위해 len()을 사용하여 my_items 컨테이너의 크기를 가져온다.

파이썬에서는 이 두 가지 책임을 자동으로 처리하는 반복문을 작성할 수 있다. 이를 활용하는 것이 좋다. 예를 들어 코드가 매번 변화하는 인덱스를 추적하지 않아도 되면 우발적인 무한 반복을 작성할 가능성이 훨씬 줄어든다. 또한 코드를 간결하게 만들어 가독성을 높일 수 있다.

이 첫 번째 코드 예제를 리팩터링하려면 먼저 인덱스를 수동으로 갱신하는 코드를 제거한다. 이를 수행하는 좋은 방법은 for 반복문을 사용하는 것이다. 다음과 같이 range()를 사용하면 인덱스를 자동으로 생성할 수 있다.

```
>>> range(len(my_items))
range(0, 3)
>>> list(range(0, 3))
[0, 1, 2]
```

range 타입은 숫자의 불변적인 순서를 나타낸다. 항상 일반 list와 똑같은 적은 양의 메모리만 사용한다는 장점이 있다. range 객체는 실제로 숫자 순서를 나타내는 개별 값을 저장하지 않는다. 대신 이터레이터로 동작하고 순서 값을 즉시 계산한다.[1]

따라서 각 반복문에서 수동으로 i를 증가시키는 대신 range() 함수를 활용해 다음과 같이 작성할 수 있다.

```
for i in range(len(my_items)):
    print(my_items[i])
```

이게 더 낫다. 그러나 여전히 파이썬답지 않고 적절한 파이썬 반복문보다 자바스러운 반복 구조처럼 느껴진다. 컨테이너를 반복하기 위해 range(len(...))을 사용하는 코드를 보면 좀 더 단순하게 개선해 볼 수 있다.

언급한 것처럼 파이썬에서 for 반복문은 실제로 컨테이너 또는 시퀀스의 항목을 인덱스로 검색하지 않고 직접 반복할 수 있는 'for-each' 반복이다. 이것을 사용하면 반복문을 더 단순화할 수 있다.

```
for item in my_items:
    print(item)
```

나는 이 해결책이 상당히 파이썬답다고 생각한다. 몇 가지 고급 파이썬 기능을 사용하지만 멋지고 깨끗하며 프로그래밍 교과서의 의사(pseudo) 코드와 거의

---

1   파이썬 2에서는 range()가 실제로 리스트 객체를 생성하므로 xrange() 내장 함수를 사용하여 메모리 절약을 하자.

비슷하다. 이 반복문이 컨테이너의 크기를 더 이상 계산하지 않고 변화하는 인덱스를 사용하여 항목에 접근하는 데 주목하자.

이제 컨테이너 자체가 항목을 처리할 수 있게 됐다. 컨테이너가 정렬된 경우 항목의 결과 순서 또한 그렇다. 컨테이너가 정렬되지 않으면 임의의 순서로 항목을 반환하지만 반복문은 여전히 모든 항목을 처리한다.

물론 모든 경우에 지금처럼 반복문을 재작성할 수 있는 것은 아니다. 예를 들어 항목의 인덱스가 '필요한' 경우에는 어떻게 해야 할까?

내가 경고한 range(len(...)) 패턴을 피하면서 변화하는 인덱스를 유지하는 반복문을 작성할 수 있다. enumerate() 내장 함수를 사용하면 이러한 종류의 반복문을 멋지게 만들 수 있다.

```
>>> for i, item in enumerate(my_items):
...     print(f'{i}: {item}')

0: a
1: b
2: c
```

파이썬의 이터레이터는 하나 이상의 값을 반환할 수 있다. 또한 임의 개수의 숫잣값을 담은 튜플을 반환할 수 있고 for 문 안에서 바로 열어 볼 수 있다.

이 기능은 매우 강력하다. 예를 들어 동일한 기술을 사용하여 딕셔너리의 키와 값을 동시에 반복할 수 있다.

```
>>> emails = {
...     'Bob': 'bob@example.com',
...     'Alice': 'alice@example.com',
... }

>>> for name, email in emails.items():
...     print(f'{name} -> {email}')

'Bob -> bob@example.com'
'Alice -> alice@example.com'
```

꼭 C 스타일의 반복문을 작성해야 한다면 보여 주고 싶은 또 한 가지 예가 있다. 예를 들어 인덱스가 증가하는 크기를 제어해야 하는 경우 어떻게 해야 할까? 다음 자바 반복문을 시작했다고 상상해 보자.

```
for (int i = a; i < n; i += s) {
    // ...
}
```

이 패턴은 어떻게 파이썬으로 변환될까? range() 함수는 반복의 시작값(a), 정 짓값(n), 증가 크기(s)를 제어하는 선택적 매개 변수를 받는다. 따라서 앞의 자 바 반복문은 파이썬에서는 다음과 같이 변환할 수 있다.

```
for i in range(a, n, s):
    # ...
```

요점 정리

- 파이썬에서 C 스타일 반복문을 작성하는 것은 파이썬답지 않다. 가능한 경 우 반복되는 인덱스와 정지 조건을 관리하지 않도록 한다.
- 파이썬의 for 반복문은 컨테이너나 시퀀스의 항목을 직접적으로 반복할 수 있는 'for-each' 반복이다.

6.2 내포식 이해하기

내가 가장 좋아하는 파이썬 기능 중 하나는 리스트 내포식이다. 처음에는 다소 신비롭게 느껴질 수 있지만 분석해 보면 실제로는 아주 단순한 구조다.

리스트 내포식은 그저 컬렉션에 대한 for 반복문이고 좀 더 간단하고 조밀한 구문으로 표현된다는 것만 이해하면 된다.

이것을 '간편 문법'이라고도 한다. 자주 사용되는 기능을 편하게 쓸 수 있게 함으로써 파이썬 코드 작성자의 삶이 더 편해진다. 다음 리스트 내포식을 살펴 보자.

```
>>> squares = [x * x for x in range(10)]
```

이것은 0부터 9까지의 모든 정수 제곱을 계산해 리스트에 담아 준다.

```
>>> squares
[0, 1, 4, 9, 16, 25, 36, 49, 64, 81]
```

일반 for 반복문을 사용할 경우 동일한 리스트를 다음과 같이 작성할 수 있다.

```
>>> squares = []
>>> for x in range(10):
...     squares.append(x * x)
```

매우 직관적인 반복문이다. for 반복문 버전과 앞의 리스트 내포식 예제를 비교하면 공통점을 발견하게 되고 결국에는 몇 가지 패턴이 나타날 것이다. 여기에서 공통 구조들을 일반화하면 결국 다음과 비슷한 템플릿이 완성된다.

```
values = [expression for item in collection]
```

이 리스트 내포식 '템플릿'은 다음의 일반 for 반복문과 같다.

```
values = []
for item in collection:
    values.append(expression)
```

여기서는 먼저 출력값을 받을 새 list 인스턴스를 만든다. 그런 다음 컨테이너의 모든 항목을 반복하면서 각각을 임의의 표현식으로 변환한 다음 그 결과를 출력 리스트에 추가한다.

이것은 많은 for 반복문에 적용할 수 있는 '일률적인 패턴'으로 이를 리스트 내포식으로 변환하거나 그 반대로 변환할 수 있다. 이제 이 템플릿에 추가해야 할 유용한 항목이 하나 더 있다. 바로 '조건'이 있는 항목을 걸러 내는 것이다.

리스트 내포식은 결괏값을 출력 리스트에 포함시킬지를 결정하는 임의의 조건을 사용해 값을 걸러 낼 수 있다. 다음은 그 예다.

```
>>> even_squares = [x * x for x in range(10)
                    if x % 2 == 0]
```

이 리스트 내포식은 0부터 9까지의 모든 짝수 제곱을 계산해 리스트에 담아 준다. 여기서 사용된 '모듈로(%)' 연산자는 한 숫자를 다른 숫자로 나눈 나머지를 반환한다. 이 예에서는 숫자가 짝수인지 테스트하는 데 사용한다. 결과는 예상과 같다.

```
>>> even_squares
[0, 4, 16, 36, 64]
```

첫 번째 예와 마찬가지로 이 새로운 리스트 내포식은 동일한 형태의 for 반복
문으로 변경할 수 있다.

```
even_squares = []
for x in range(10):
    if x % 2 == 0:
        even_squares.append(x * x)
```

앞의 리스트 내포식을 for 반복문 패턴으로 좀 더 일반화해 보자. 이번에는 필
터 조건을 템플릿에 추가하여 어떤 값이 출력 리스트에 포함될지 결정하도록
했다. 갱신된 리스트 내포식 템플릿은 다음과 같다.

```
values = [expression
          for item in collection
          if condition]
```

다시 한 번 이 리스트 내포식은 다음 패턴의 for 반복문으로 변경할 수 있다.

```
values = []
for item in collection:
    if condition:
        values.append(expression)
```

이 역시 직관적인 변형이었다. 우리는 단순히 갱신된 일률적인 패턴을 적용했
다. 이상의 설명으로 리스트 내포식의 동작 방식과 관련한 '마법'이 풀렸기를
바란다. 리스트 내포식은 모든 파이썬 프로그래머가 사용법을 알아야 하는 유
용한 도구다.

계속 진행하기 전에 파이썬이 리스트 내포식뿐 아니라 세트와 딕셔너리에
대해서도 비슷한 간편 문법을 지원함을 지적하고자 한다.

다음은 '세트 내포식'의 모습이다.

```
>>> { x * x for x in range(-9, 10) }
set([64, 1, 36, 0, 49, 9, 16, 81, 25, 4])
```

항목의 순서를 유지하는 리스트와 달리 세트는 정렬되지 않은 컬렉션 타입이

다. 따라서 set 컨테이너에 항목을 추가하면 저장되는 순서는 다소 무작위가
된다.

그리고 다음은 '딕셔너리 내포식'이다.

```
>>> { x: x * x for x in range(5) }
{0: 0, 1: 1, 2: 4, 3: 9, 4: 16}
```

두 가지 모두 실제로 유용한 도구다. 파이썬의 내포식에서 주의할 사항이 하
나 있다. 내포식을 사용하는 데 익숙해질수록 가독성이 나쁜 코드를 작성하게
되는 경향이 생긴다는 것이다. 조심하지 않으면 괴물 같은 리스트, 세트, 딕셔
너리의 내포식을 다루게 될 것이다. 좋은 것도 과하면 나쁘다는 사실을 기억
하자.

많은 고생을 한 끝에 나는 내포식은 한 단계만 중첩하는 것으로 제한을 두었
다. 그리고 대부분의 경우 for 반복문을 사용하는 것이 더 낫다는(더 읽기 쉽고
유지 관리하기 더 쉽다는) 점을 발견했다.

요점 정리

- 내포식은 파이썬의 핵심 기능이다. 이를 이해하고 적용하면 코드가 더 파이
  썬답게 만들어진다.
- 내포식은 for 반복문 패턴을 구현하기 위한 멋진 간편 문법일 뿐이다. 패턴
  을 이해하면 내포식을 직관적으로 개발할 수 있다.
- 리스트 내포식 외의 더 많은 것이 있다.

6.3 리스트 분할 트릭과 스시 연산자

파이썬 리스트 객체에는 '분할(slicing)'이라는 깔끔한 기능이 있다. 대괄호 인
덱스 구문의 확장 기능이라고 볼 수 있는 분할은 일반적으로 정렬된 컬렉션에
서 특정 범위의 항목에 접근하는 데 사용된다. 예를 들어 큰 리스트 객체를 여
러 개의 작은 하위 리스트로 자를 수 있다.

여기 예제가 있다. 분할하기는 익숙한 '[]' 인덱스 구문을 사용하여 다음과 같
은 '[start:stop:step]' 패턴을 사용한다.

```
>>> lst = [1, 2, 3, 4, 5]
>>> lst
[1, 2, 3, 4, 5]

#   lst[start:end:step]
>>> lst[1:3:1]
[2, 3]
```

인덱스를 [1:3:1]로 지정하면 원래 리스트에서 인덱스 1부터 인덱스 2까지(이때 인덱스가 하나씩 증가)의 부분을 반환한다. 오프 바이원(off-by-one) 에러[2]를 방지하려면 상한은 항상 포함되지 않는다는 것을 기억해야 한다. 이것이 [1:3:1] 분할의 결과로 하위 리스트 [2, 3]을 얻은 이유다.

단계 크기를 생략하면 기본값은 1이다.

```
>>> lst[1:3]
[2, 3]
```

'스트라이드(stride)'라고도 하는 스텝(step) 매개 변수를 사용하여 다른 재미있는 작업을 수행할 수 있다. 예를 들어 원본의 항목들을 하나 건너 하나씩 포함하는 하위 리스트를 만들 수 있다.

```
>>> lst[::2]
[1, 3, 5]
```

재미있지 않은가? 나는 ':'을 '스시 연산자'라고 부르고 싶다. 맛있는 마키 롤을 반 자른 것처럼 보인다. 맛있는 음식을 생각나게 하고 리스트의 범위에 접근하는 것 외에도 몇 가지 덜 알려진 응용 방식이 있다. 좀 더 재미있고 유용한 리스트 분할 트릭을 보여 주겠다!

방금 분할 단계 크기를 사용하여 리스트의 항목들을 하나 건너 하나씩 선택하는 방법을 보았다. 더 많은 것이 있다. [::-1] 분할을 요청하면 원래 리스트의 복사본을 얻을 수 있는데 항목들이 역순으로 나타난다.

```
>>> numbers[::-1]
[5, 4, 3, 2, 1]
```

2   (옮긴이) 경계 조건에서 발생하는 논리적 에러를 말한다.

파이썬에 전체 리스트(::)를 달라고 요청했지만 단계 크기를 −1로 설정하면 뒤
에서부터 앞으로 모든 항목을 가져오게 된다. 이렇게 해도 꽤 깔끔하지만 대부
분의 경우 list.reverse()와 내장 reversed() 함수를 사용하여 리스트를 뒤집
는다.

다음은 또 다른 리스트 분할 기법이다. : 연산자를 사용하면 리스트 객체 자
체를 손상시키지 않고 리스트에서 모든 항목을 지울 수 있다.

이는 프로그램에서 다른 참조가 가리키는 리스트를 지우려는 경우 매우 유
용하다. 이 경우 다른 참조를 갱신하지 않으므로 리스트를 새 리스트 객체로
대체하여 리스트를 비울 수 없다. 하지만 여기 스시 연산자가 여러분을 구하러
온다.

```
>>> lst = [1, 2, 3, 4, 5]
>>> del lst[:]
>>> lst
[]
```

보다시피 lst에서 모든 항목을 제거하지만 리스트 객체 자체는 그대로 유지한
다. 파이썬 3에서는 lst.clear() 함수로도 같은 작업을 수행할 수 있다. 상황에
따라 읽기 쉬운 패턴일 수도 있지만 clear()는 파이썬 2에서 사용할 수 없다는
것을 명심하자.

리스트 비우기 외에도 새 리스트 객체를 만들지 않고 리스트의 모든 항목을
대체하기 위해 분할을 사용할 수도 있다. 덕분에 리스트를 비운 다음 수동으로
다시 채우는 작업을 아주 간결하게 수행할 수 있다.

```
>>> original_lst = lst
>>> lst[:] = [7, 8, 9]
>>> lst
[7, 8, 9]
>>> original_lst
[7, 8, 9]
>>> original_lst is lst
True
```

이 코드 예제는 lst의 모든 항목을 대체했지만 리스트 자체를 파괴하거나 다
시 만들지 않았다. 따라서 원래 리스트 객체에 대한 이전 참조는 여전히 유효
하다.

또한 스시 연산자로는 기존 리스트의 (얕은) 복사본을 만들 수도 있다.

```
>>> copied_lst = lst[:]
>>> copied_lst
[7, 8, 9]
>>> copied_lst is lst
False
```

얕은 복사본을 만든다는 것은 항목 자체가 아니라 항목의 구조만 복사함을 의미한다. 리스트의 두 복사본 모두 개별 항목의 동일한 인스턴스를 공유한다.

항목을 포함하여 모든 것을 복제해야 하는 경우 리스트의 깊은 복사본을 만들어야 한다. 이럴 때는 파이썬의 내장 모듈인 copy가 아주 유용하다.

요점 정리

- '스시 연산자'는 리스트의 하위 리스트를 선택하는 데 유용할 뿐 아니라 리스트를 비우거나 거꾸로 뒤집거나 또는 복사하는 데도 사용할 수 있다.
- 하지만 이 기능을 모르는 파이썬 개발자도 많으니 주의하자. 이를 사용하면 다른 팀원들이 코드를 유지 관리하기가 어려워질 수 있다.

6.4 아름다운 이터레이터

나는 아름답고 명확한 파이썬 문법을 좋아한다. 소박한 for-in 반복문을 예로 들어 보자. 파이썬의 아름다움에 대해 말하자면 마치 영어 문장 읽듯이 파이썬 반복문을 읽을 수 있다.

```
numbers = [1, 2, 3]
for n in numbers:
    print(n)
```

그런데 파이썬의 우아한 반복 구조는 어떻게 동작할까? 반복문은 반복되는 객체에서 개별 항목을 어떻게 가져올까? 그리고 여러분의 파이썬 객체에서도 동일한 프로그래밍 스타일을 지원하려면 어떻게 해야 할까?

파이썬의 '이터레이터(iterator) 프로토콜'에서 이러한 질문에 대한 답을 찾을 수 있다. __iter__ 및 __next__ 던더 메서드를 지원하는 객체는 for-in 반복문에서 자동으로 작동한다.

하나씩 살펴보자. 데코레이터와 마찬가지로 이터레이터 관련 기술들은 처음에는 매우 모호하고 복잡해 보일 수 있다. 그래서 독자들이 익숙해질 수 있도록 차근차근 알아볼 것이다.

이번 절에서는 이터레이터 프로토콜을 지원하는 여러 파이썬 클래스 작성법을 설명한다. 이 클래스들은 '마법 같지 않아서', 즉 이해할 수 있는 예시이자 직접 구현해 볼 수 있어서 더 깊이 이해할 수 있을 것이다.

먼저 파이썬 3 이터레이터의 핵심 메커니즘에 중점을 두고 불필요하고 복잡한 것들을 제거한다. 따라서 이터레이터가 근본적인 수준에서 어떻게 작동하는지 명확하게 볼 수 있다.

각 예제를 for-in 반복문에 연결할 것이다. 마지막 부분에서는 파이썬 2와 3의 이터레이터에 각각 어떤 차이점이 있는지 몇 가지 짚어 볼 것이다.

준비됐으면 시작하자!

무한 반복

이터레이터 프로토콜의 뼈대만 보여 주는 클래스를 작성하는 것으로 시작하자. 여기서 사용하는 예제는 다른 이터레이터 튜토리얼에서 본 예제와 다르게 보일 수 있지만 참아 주길 바란다. 이 방법을 사용하면 이터레이터가 파이썬에서 어떻게 작동하는지 더 잘 이해할 수 있다.

다음 몇 단락에서는 for-in 반복문으로 반복할 수 있는 Repeater라는 클래스를 구현할 것이다.

```
repeater = Repeater('Hello')
for item in repeater:
    print(item)
```

이름에서 알 수 있듯이 이 Repeater 클래스의 인스턴스는 반복될 때마다 하나의 값을 반환한다. 그래서 앞의 예제 코드는 영원히 문자열 'Hello'를 콘솔에 출력한다.

구현을 시작하기 위해 먼저 Repeater 클래스를 정의하고 살을 붙여 보자.

```
class Repeater:
    def __init__(self, value):
        self.value = value

    def __iter__(self):
        return RepeaterIterator(self)
```

Repeater는 평범한 파이썬 클래스처럼 보인다. 하지만 __iter__ 던더 메서드를 어떻게 작성했는지에 주목하자.

  __iter__에서 생성하고 반환하는 RepeaterIterator 객체는 무엇일까? for-in 반복문 예제가 작동하도록 하려면 정의해야 하는 도우미 클래스다.

```
class RepeaterIterator:
    def __init__(self, source):
        self.source = source

    def __next__(self):
        return self.source.value
```

RepeaterIterator는 간단한 파이썬 클래스처럼 보이지만 다음 두 가지 사항에 주목해야 한다.

1. __init__ 메서드에서 Repeater 객체에 각 RepeaterIterator 인스턴스를 연결한다. 그렇게 하면 반복될 '소스' 객체를 유지할 수 있다.
2. RepeaterIterator.__next__에서 '소스' Repeater 인스턴스로 돌아가 연결된 소스의 값을 반환한다.

이 예제에서 Repeater와 RepeaterIterator는 함께 작동하여 파이썬의 이터레이터 프로토콜을 지원한다. 우리가 정의한 두 개의 던더 메서드, __iter__와 __next__가 파이썬 객체를 반복 가능하게 만드는 열쇠다.

  지금까지 만든 코드로 실험을 해서 이 두 메서드가 어떻게 작동하는지 살펴보자.

  이 두 클래스 설정이 실제로 for-in 반복과 호환되는 Repeater 객체를 만들었다. 제대로 동작하는지 확인해 보기 위해 먼저 'Hello' 문자열을 무한히 반환하는 Repeater의 인스턴스를 만든다.

```
>>> repeater = Repeater('Hello')
```

이제 for-in 반복문을 사용하여 이 repeater 객체를 반복해 보자. 다음 토막 코드를 실행하면 어떤 일이 발생할까?

```
>>> for item in repeater:
...     print(item)
```

맞다. 'Hello'가 화면에 매우 많이 출력되는 걸 볼 수 있다. Repeater는 동일한 문자열 값을 계속 반환하므로 반복문은 완료되지 않는다. 우리의 작은 프로그램은 콘솔에 'Hello'를 영원히 출력할 운명이다.

```
Hello
Hello
Hello
Hello
Hello
...
```

축하한다. 여러분은 for-in 반복문과 호환되는 이터레이터를 막 작성했다. 반복이 여전히 끝나지 않았을 수도 있지만…, 지금까지는 좋다!

다음에는 __iter__와 __next__ 메서드가 어떻게 작동하여 파이썬 객체를 반복 가능하게 만드는지를 이해하기 위해 이 예제를 잘게 나눠 설명하겠다.

프로 팁: 마지막 예제를 파이썬 REPL 세션이나 터미널에서 실행했다면 '컨트롤(Ctrl) + C'를 몇 번 눌러 무한 반복에서 빠져나오자.

파이썬에서 for-in 반복문은 어떻게 동작할까?

이 지점에서 우리는 이터레이터 프로토콜을 지원하는 것이 확실한 Repeater 클래스를 얻었다. 이를 증명하기 위해 for-in 반복문을 실행했다.

```
repeater = Repeater('Hello')
for item in repeater:
    print(item)
```

자, 이 for-in 반복문의 뒤에서는 실제로 어떤 일들이 벌어지는 걸까? repeater 객체와는 어떻게 통신하여 새로운 항목들을 받아 오는 것일까?

그 '마법'의 일부를 걷어 내기 위해 이 반복문을 조금 더 긴 토막 코드로 확장하여 동일한 결과를 얻어 보겠다.

```python
repeater = Repeater('Hello')
iterator = repeater.__iter__()
while True:
    item = iterator.__next__()
    print(item)
```

보다시피 이 for-in은 단순한 while 반복문의 간편 문법이었다.

• 먼저 __iter__ 메서드를 호출하여 반복을 위한 repeater 객체를 준비했다. 이 메서드는 실제 '이터레이터 객체'를 반환했다.
• 그 후 값들을 검색하기 위해 이터레이터 객체의 __next__ 메서드를 반복적으로 호출했다.

'데이터베이스 커서(cursor)'로 작업해 본 경험이 있다면 이 멘탈 모델이 익숙할 것이다. 먼저 커서를 초기화하고 읽을 준비를 한 다음 필요에 따라 한 번에 하나씩 항목을 로컬 변수로 가져올 수 있다.

이 방식에서는 '처리 중인' 항목은 언제나 단 하나뿐이므로 메모리 효율이 높다. 우리의 Repeater 클래스는 '무한한' 일련의 항목을 제공하며 계속 반복할 수 있지만 파이썬 list로 똑같은 동작을 에뮬레이트(emulate)하기는 불가능하다. 애초에 항목의 수가 무한한 리스트를 만들 수 있는 방법이 없다. 이터레이터가 매우 강력한 것은 이 때문이다.

좀 더 추상적인 용어로 설명하자면, 이터레이터는 컨테이너의 내부 구조와 완전히 분리된 상태에서 컨테이너의 모든 항목을 처리할 수 있는 공통 인터페이스를 제공한다.

리스트, 딕셔너리, 우리의 Repeater 클래스가 제공하는 것 같은 무한한 시퀀스를 사용하든, 아니면 그 어떤 시퀀스 타입을 사용하든 모두 구현 세부 사항일 뿐이다. 이 객체들 모두 하나하나가 이터레이터의 힘으로 동일하게 동작할 수 있다.

그리고 앞서 본 것처럼 for-in 반복문에는 특별한 것이 없다. 내부를 들여다 보면 적절한 시기에 적절한 던더 메서드를 호출할 뿐이다.

사실 이 반복문이 이터레이터 프로토콜을 사용하는 방법을 파이썬 인터프리터 세션에서 수동으로 '에뮬레이트'할 수 있다.

```
>>> repeater = Repeater('Hello')
>>> iterator = iter(repeater)
>>> next(iterator)
'Hello'
>>> next(iterator)
'Hello'
>>> next(iterator)
'Hello'
...
```

이 코드는 똑같은 결과, 즉 무한한 Hello의 흐름을 만들어 낸다. next()를 호출할 때마다 이터레이터는 같은 인사말을 다시 내보낸다.

그런데 나는 여기에서 __iter__와 __next__ 호출을 파이썬 내장 함수인 iter()와 next() 호출로 대체했다.

내부적으로 이 내장 함수들은 동일한 던더 메서드를 호출하지만 이터레이터 프로토콜에 깨끗한 '퍼사드(facade)'를 제공하여 이 코드가 좀 더 읽기 쉬워진다.

파이썬은 다른 기능들에도 이런 퍼사드를 제공한다. 예를 들어 len(x)는 x.__len__을 호출하는 바로가기다. 마찬가지로 iter(x)를 호출하면 x.__iter__가 호출되고, next(x)를 호출하면 x.__next__가 호출된다.

일반적으로 프로토콜을 구현하는 던더 메서드에 직접 접근하는 대신 내장된 퍼사드 함수를 사용하는 것이 좋다. 코드의 가독성을 높여 주기 때문이다.

더 단순한 이터레이터 클래스

지금까지 이터레이터 예제는 Repeater와 RepeaterIterator라는 두 개의 분리된 클래스로 구성되었다. 이것들은 파이썬의 이터레이터 프로토콜에서 사용되는 두 단계에 직접 대응했다.

먼저 iter() 호출로 이터레이터 객체를 설정하고 검색한 다음 next()를 통해 반복적으로 값을 가져온다.

이 두 역할을 하나의 클래스가 책임질 수 있다. 이렇게 하면 클래스 기반 이터레이터를 작성하는 데 필요한 코드의 양이 줄어든다.

첫 번째 예제에서는 이터레이터 프로토콜을 구동하는 모델을 명확히 전달하기 위해 일부러 이 작업을 수행하지 않기로 했다. 이제까지 클래스 기반 이터레이터를 작성하는 법을 보았으므로 지금까지 얻은 것을 간단하게 만들자.

RepeaterIterator 클래스가 필요한 이유를 기억하자. 우리는 이터레이터로부터 새로운 값을 가져오기 위한 __next__ 메서드를 제공해야 했다. 그러나 __next__가 정의되는 곳은 실제로 중요하지 않다. 이터레이터 프로토콜에서 중요한 점은 __iter__가 __next__ 메서드가 정의된 객체를 반환한다는 것이다.

한 가지 아이디어가 있다. RepeaterIterator는 동일한 값을 반복해서 반환하며 내부 상태를 추적할 필요가 없다. 그렇다면 Repeater 클래스에 직접 __next__ 메서드를 추가하면 어떻게 될까?

그런 식으로 RepeaterIterator를 완전히 없애고 하나의 파이썬 클래스로 반복 가능한 객체를 구현할 수 있다. 시도해 보자. 새롭고 단순화된 이터레이터 예제는 다음과 같다.

```python
class Repeater:
    def __init__(self, value):
        self.value = value

    def __iter__(self):
        return self

    def __next__(self):
        return self.value
```

분리된 클래스 두 개와 코드 열 줄을 클래스 하나와 코드 일곱 줄로 옮겼다. 단순해진 구현은 여전히 이터레이터 프로토콜을 잘 지원한다.

```python
>>> repeater = Repeater('Hello')
>>> for item in repeater:
...     print(item)

Hello
Hello
Hello
...
```

클래스 기반 이터레이터를 간소화하는 것은 종종 의미가 있다. 사실 대부분의 파이썬 반복 튜토리얼은 그런 식으로 시작된다. 그러나 나는 항상 이터레이터를 하나의 클래스로 설명하는 방식이 이터레이터 프로토콜의 기본 원리를 숨기고 있어서 이해하기 더 어렵다고 느꼈다.

누가 무한 반복을 원하겠는가

이제 이터레이터가 파이썬에서 어떻게 동작하는지 어느 정도 이해했을 것이다. 그러나 지금까지 '영원히' 반복되는 이터레이터만 구현했다.

분명히 무한 반복은 이터레이터의 주된 용도는 아니다. 사실 이 장의 초입에서 나는 동기를 부여하고자 다음과 같은 토막 코드를 사용했다.

```python
numbers = [1, 2, 3]
for n in numbers:
    print(n)
```

보통 이 코드가 숫자 1, 2, 3을 출력한 다음 멈추리라고 기대한다. 그런데 3이 끊임없이 출력되어 터미널 창을 가득 채우는 모습에 당황하며 '컨트롤 + C'를 여러 번 누르게 되리라고는 예상하지 못할 것이다.

영원히 반복되는 게 아니라 어느 순간 새 값을 생성하기를 멈추는 이터레이터를 작성하는 방법을 알아보자. 그것이 파이썬 객체가 **for-in** 반복문에서 이터레이터를 사용할 때 일반적으로 하는 일이기 때문이다.

이제 BoundedRepeater라고 부를 다른 Repeater 클래스를 작성해 보겠다. 이전의 Repeater 예제와 비슷하지만 이번에는 미리 정의된 반복 횟수 후에 중지하고 싶다.

이것에 대해 조금 생각해 보자. 어떻게 해야 할까? 이터레이터는 반복되는 항목이 고갈되어 반복이 끝났다는 사실을 어떻게 알릴까? 어쩌면 여러분은 "__next__ 메서드에서 None을 반환할 수 있다"라고 할지도 모른다.

나쁜 생각은 아니다. 그러나 문제가 있다. 이터레이터가 None을 유효한 값으로 반환하게 하려면 무엇을 해야 할까?

다른 파이썬 이터레이터가 이 문제를 해결하기 위해 무엇을 하는지 보자. 간단한 컨테이너, 항목을 몇 개만 담은 리스트를 만들고 나서 항목이 없어질 때까지 반복해서 어떤 일이 일어나는지 확인해 보자.

```
>>> my_list = [1, 2, 3]
>>> iterator = iter(my_list)
>>> next(iterator)
1
>>> next(iterator)
2
>>> next(iterator)
3
```

조심하자! 리스트에 있는 세 개의 항목을 모두 사용했다. 이터레이터에서 다시 next를 호출하면 어떻게 되는지 보자.

```
>>> next(iterator)
StopIteration
```

아하! 이터레이터에서 사용 가능한 모든 값을 전부 소모했음을 알리기 위해 StopIteration 예외를 발생시킨다.

그렇다. 이터레이터는 제어 흐름을 구조화하기 위해 예외를 사용한다. 반복의 끝을 알리기 위해 파이썬 이터레이터는 내장된 StopIteration 예외를 발생시킨다.

이터레이터에서 더 많은 값을 계속 요청하면 StopIteration 예외를 계속 발생시켜 반복할 수 있는 값이 없다는 신호를 보낸다.

```
>>> next(iterator)
StopIteration
>>> next(iterator)
StopIteration
...
```

파이썬 이터레이터는 일반적으로 '재설정'할 수 없다. 이터레이터를 다 사용하면 next()가 호출될 때마다 StopIteration을 발생시켜야 한다. 다시 반복하려면 iter() 함수로 새로운 이터레이터 객체를 요청해야 한다.

이제 우리는 정해진 횟수만큼 반복된 후에 멈추는 BoundedRepeater 클래스를 작성하는 데 필요한 모든 것을 알고 있다.

```python
class BoundedRepeater:
    def __init__(self, value, max_repeats):
        self.value = value
        self.max_repeats = max_repeats
        self.count = 0

    def __iter__(self):
        return self

    def __next__(self):
        if self.count >= self.max_repeats:
            raise StopIteration
        self.count += 1
        return self.value
```

이렇게 하면 원하는 결과를 얻을 수 있다. 반복은 max_repeats 매개 변수에 정의된 반복 횟수 후에 중지된다.

```python
>>> repeater = BoundedRepeater('Hello', 3)
>>> for item in repeater:
        print(item)
Hello
Hello
Hello
```

이 마지막 for-in 반복문 예제를 다시 작성하여 간편 문법을 제거하면 다음과 같은 확장된 토막 코드가 완성된다.

```python
repeater = BoundedRepeater('Hello', 3)
iterator = iter(repeater)
while True:
    try:
        item = next(iterator)
    except StopIteration:
        break
    print(item)
```

next()가 이 반복문에서 호출될 때마다 StopIteration 예외를 확인하고 필요한 경우 while 반복문을 중단한다.

여덟 줄의 while 반복문 대신 세 줄의 for-in 반복문을 작성할 수 있는 것은 상당한 개선이다. 그러면 코드 가독성이 좋아지고 유지 보수가 쉬워진다. 이것이 파이썬 이터레이터가 강력한 도구인 또 다른 이유다.

파이썬 2.x 호환성

내가 여기서 보여 준 모든 예제 코드는 파이썬 3로 작성되었다. 클래스 기반 이 터레이터를 구현할 때 파이썬 2와 파이썬 3 사이에는 작지만 중요한 차이점이 있다.

- 파이썬 3에서는 이터레이터에서 다음 값을 가져오는 메서드를 __next__라고 부른다.
- 파이썬 2에서는 똑같은 메서드를 next라고 부른다(밑줄이 없다).

두 버전의 파이썬에서 모두 작동해야 하는 클래스 기반 이터레이터를 작성하려는 경우 이러한 이름 차이 때문에 문제가 생길 수 있다. 다행히도 이 차이점을 해결하기 위해 취할 수 있는 간단한 방법이 있다.

다음은 파이썬 2와 파이썬 3 모두에서 작동하도록 업데이트된 Infinite Repeater 클래스의 모습이다.

```python
class InfiniteRepeater(object):
    def __init__(self, value):
        self.value = value

    def __iter__(self):
        return self

    def __next__(self):
        return self.value

    # 파이썬 2 호환:
    def next(self):
        return self.__next__()
```

이 이터레이터 클래스를 파이썬 2와 호환되도록 만들기 위해 두 가지 작은 변경을 했다.

먼저 원래의 __next__를 호출하고 그 반환값을 전달하는 next 메서드를 추가했다. 이 메서드는 본질적으로 파이썬 2가 __next__ 메서드를 발견할 수 있도록 한 별칭이다. 이렇게 하면 모든 실제 구현 세부 사항을 한곳에서 유지하면서 두 버전의 파이썬을 모두 지원할 수 있다.

두 번째로 파이썬 2에서 새로운 스타일의 클래스를 만들 수 있도록 클래스 정의를 수정해 object에서 상속받게 했다. 이 방법은 이터레이터와는 아무런 관련이 없지만 좋은 습관이다.

요점 정리

- 이터레이터는 파이썬 객체에 대한 시퀀스 인터페이스를 제공한다. 이 인터 페이스는 메모리 효율적이며 파이썬답다고 간주된다. for-in 반복문의 아름다움을 확인하자.
- 반복을 지원하려는 객체는 __iter__ 및 __next__ 던더 메서드를 제공하여 이터레이터 프로토콜을 구현해야 한다.
- 클래스 기반 이터레이터는 파이썬에서 반복 가능한 객체를 만드는 방법 중 하나일 뿐이다.

6.5 제너레이터는 단순화된 이터레이터다

이번 장에서 지금까지 클래스 기반 이터레이터를 작성하는 데 꽤 많은 시간을 보냈다. 교육적인 측면에서는 나쁘지 않았지만, 이터레이터 클래스를 작성하는 방식은 상용구(boilerplate) 코드가 많이 필요하다는 사실도 보여 주었다. 솔직히 '게으른' 개발자인 나는 지루하고 되풀이되는 일을 좋아하지 않는다.

그렇지만 이터레이터는 파이썬에서 매우 유용하다. 보기 좋은 for-in 반복문을 작성할 수 있고 코드를 파이썬답고 효율적으로 만들 수 있게 해 준다. 이 이터레이터를 작성하는 좀 더 편리한 방법이 있을까?

짜잔! 다시 한 번, 파이썬은 우리 개발자를 위해 이터레이터를 쉽게 작성할 수 있는 간편 문법을 제공한다. 지금부터 '제너레이터'와 yield 키워드를 사용하여 적은 코드로 이터레이터를 더 빨리 작성하는 방법을 살펴보자.

무한 제너레이터

앞에서 이터레이터 개념을 소개하기 위해 사용했던 Repeater 예제를 다시 살펴보자. 이 클래스는 무한한 시퀀스의 값을 통해 반복되는 클래스 기반 이터레이터를 구현했다. 이 클래스의 두 번째 (단순화된) 버전은 다음과 같았다.

```
class Repeater:
    def __init__(self, value):
        self.value = value

    def __iter__(self):
        return self

    def __next__(self):
        return self.value
```

'간단한 이터레이터를 위한 코드치고는 상당히 길다'고 생각했다면 그 말이 맞다. 이 코드의 상당 부분은 다른 클래스 기반 이터레이터를 구현할 때도 똑같은 방식으로 쓸 수 있다.

여기에서 파이썬 제너레이터가 등장한다. 이 이터레이터 클래스를 제너레이터로 다시 작성하면 다음과 같다.

```
def repeater(value):
    while True:
        yield value
```

일곱 줄짜리 코드를 세 줄로 줄였다. 나쁘지 않다. 그렇지 않나? 보다시피 제너레이터는 일반 함수처럼 보이지만 return 문 대신 yield를 사용하여 데이터를 호출자에게 다시 전달한다.

이 새로운 제너레이터 구현은 클래스 기반 이터레이터와 동일한 방식으로 작동할까? for-in 반복문 테스트를 수행해 알아보자.

```
>>> for x in repeater('Hi'):
...     print(x)
'Hi'
'Hi'
'Hi'.
'Hi'.
'Hi'.
...
```

인사말이 여전히 무한 반복되고 있다. 이처럼 제너레이터 구현은 훨씬 짧으면서 Repeater 클래스와 동일한 방식으로 수행된다(인터프리터 세션에서 무한 반복을 벗어나고 싶다면 '컨트롤 + C'를 누르자).

자, 이 제너레이터는 어떻게 작동할까? 평범한 함수처럼 보이지만 동작은 아주 다르다. 우선 제너레이터 함수를 호출해도 함수가 실행되지 않는다. 단지 '제너레이터 객체'를 만들고 반환한다.

```
>>> repeater('Hey')
<generator object repeater at 0x107bcdbf8>
```

제너레이터 함수의 코드는 제너레이터 객체에서 next()가 호출될 때만 실행된다.

```
>>> generator_obj = repeater('Hey')
>>> next(generator_obj)
'Hey'
```

repeater 함수의 코드를 다시 읽으면 yeild 키워드가 실행 도중인 제너레이터 함수를 중지했다가 나중에 다시 시작하는 것처럼 보인다.

```
def repeater(value):
    while True:
        yield value
```

무슨 일이 벌어지는지 감이 올 것이다. 함수 안에서 return 문이 실행되면 함수의 호출자에게 제어권을 영구적으로 넘겨 버린다. 반면 yield가 호출되면 함수의 호출자에게 제어권을 다시 전달하지만 '일시적으로만' 한다.

　return 문이 함수의 로컬 상태를 삭제하는 반면, yield 문은 함수를 일시 중단하고 로컬 상태를 유지한다. 실질적으로 이것은 지역 변수와 제너레이터 함수 실행 상태가 잠시 숨겨질 뿐 완전히 사라지지 않는다는 것을 의미한다. 실행은 제너레이터에서 next()를 호출하여 언제든지 다시 시작할 수 있다.

```
>>> iterator = repeater('Hi')
>>> next(iterator)
'Hi'
>>> next(iterator)
'Hi'
>>> next(iterator)
'Hi'
```

따라서 제너레이터는 이터레이터 프로토콜과 완벽하게 호환된다. 이런 이유로 나는 이것을 이터레이터를 구현하기 위한 간편 문법으로 생각한다.

대다수 형태의 이터레이터에서는 제너레이터 함수를 작성하는 편이 장황한 클래스 기반 이터레이터를 정의하는 것보다 쉽고 가독성이 좋다.

생성을 멈추는 제너레이터

잠시 무한 제너레이터로 다시 돌아왔었는데, 이제 '영원히' 계속하는 대신 어느 순간 값 생성을 중단하는 제너레이터를 작성하는 법이 궁금할 것이다.

클래스 기반 이터레이터에서는 StopIteration 예외를 수동으로 발생시켜 반복의 끝을 알릴 수 있었다. 제너레이터는 클래스 기반 이터레이터와 완벽하게 호환되기 때문에 여전히 내부에서는 무언가 일어난다.

다행스럽게도 프로그래머로서 이번에는 더 멋진 인터페이스로 작업하게 된다. 제너레이터는 제너레이터 함수가 yield 이외의 방식으로 반환되면 그 순간 값 생성을 중단한다. 즉 StopIteration을 언제 발생시킬지 더 이상 고민할 필요가 없다.

다음이 그 예다.

```
def repeat_three_times(value):
    yield value
    yield value
    yield value
```

이 제너레이터 함수가 어떤 종류의 반복도 포함하지 않는 것에 주목하자. 매우 간단한 yield 문 세 개로 구성된다. yield가 일시적으로 함수 실행을 중단하고 호출자에게 값을 되돌려 준다고 했다. 그렇다면 이 제너레이터가 끝에 도달하면 어떤 일이 발생할까? 알아보자.

```
>>> for x in repeat_three_times('Hey there'):
...     print(x)
'Hey there'
'Hey there'
'Hey there'
```

예상대로 이 제너레이터는 세 번의 반복 후에 새로운 값을 생성하지 않았다. 이렇게 동작한 이유가 함수 끝에 도달할 때 StopIteration 예외를 발생시켰기

때문이라고 가정할 수 있다. 하지만 확실히 하기 위해 다른 실험을 통해 확인
해 보자.

```
>>> iterator = repeat_three_times('Hey there')
>>> next(iterator)
'Hey there'
>>> next(iterator)
'Hey there'
>>> next(iterator)
'Hey there'
>>> next(iterator)
StopIteration
>>> next(iterator)
StopIteration
```

이 이터레이터도 예상대로 동작한다. 제너레이터 함수가 끝나자마자 Stop
Iteration을 계속 일으켜 더 이상 제공할 값이 없다는 신호를 보낸다.

　이터레이터를 설명할 때 본 다른 예제로 돌아가 보겠다. 다음의 Bounded
Iterator 클래스는 지정된 횟수만큼만 반복하는 이터레이터를 구현했다.

```
class BoundedRepeater:
    def __init__(self, value, max_repeats):
        self.value = value
        self.max_repeats = max_repeats
        self.count = 0

    def __iter__(self):
        return self

    def __next__(self):
        if self.count >= self.max_repeats:
            raise StopIteration
        self.count +=. 1
        return self.value
```

이 BoundedRepeater 클래스를 제너레이터 함수로 다시 구현해 보면 어떨까? 내
가 도전해 보겠다.

```
def bounded_repeater(value, max_repeats):
    count = 0
    while True:
        if count >= max_repeats:
            return
        count += 1
        yield value
```

의도적으로 이 함수에서 while 반복문을 약간 거추장스럽게 만들었다. 제너레이터에서 return 문을 호출하면 StopIteration 예외가 발생하여 반복이 중지되는 것을 보여 주고 싶었다. 이 제너레이터 함수는 곧 좀 더 정리하고 단순화할 것이다. 그러나 먼저 지금까지 만든 것을 시도해 보자.

```
>>> for x in bounded_repeater('Hi', 4):
...     print(x)
'Hi'
'Hi'
'Hi'
'Hi'
```

훌륭하다! 이제 반복 횟수를 설정할 수 있는 제너레이터가 주어졌다. 이 제너레이터는 return 문을 만나 반복이 중지될 때까지 yield 문으로 값을 전달한다.

약속했듯이 이 제너레이터를 더 단순화할 수 있다. 파이썬이 모든 함수의 끝 부분에 암시적인 return None 문을 추가한다는 사실을 이용해 보자. 최종 구현은 다음과 같다.

```
def bounded_repeater(value, max_repeats):
    for i in range(max_repeats):
        yield value
```

이 단순해진 제너레이터가 여전히 동일한 방식으로 작동하는지 확인하자. 모든 것을 고려하여 BoundedRepeater 클래스의 열두 줄짜리 구현을 정확히 동일한 기능을 제공하는 세 줄짜리 제너레이터로 구현했다. 코드 줄 수를 75% 줄였다고 초라하진 않다.

방금 본 것처럼 제너레이터는 클래스 기반 이터레이터를 작성할 때 필요한 상용구 코드의 대부분을 '추상화'하는 데 도움이 된다. 프로그래머로서의 삶이 훨씬 더 쉬워지고, 더 깔끔하고 더 짧고 유지 보수가 쉬운 이터레이터를 작성할 수 있다. 제너레이터 함수는 파이썬의 훌륭한 기능이므로 자신의 프로그램에서 제너레이터 함수를 사용하는 것을 주저해서는 안 된다.

요점 정리

· 제너레이터 함수는 이터레이터 프로토콜을 지원하는 객체를 작성하기 위한

간편 문법이다. 제너레이터는 클래스 기반 이터레이터를 작성할 때 필요한
상용구 코드 대부분을 추상화한다.

• yield 문을 사용하면 제너레이터 함수 실행을 일시적으로 중단하고 값을 되
돌려 줄 수 있다.

• 제어 흐름이 yield 문 이외의 방법으로 제너레이터 함수를 떠나면 제너레이
터는 StopIteration 예외를 발생시키기 시작한다.

6.6 제너레이터 표현식

파이썬의 이터레이터 프로토콜과 이것을 코드에 구현하는 여러 가지 방법에
대해 더 많이 배우고 나서 나는 '간편 문법'이 되풀이되는 주제라는 것을 깨달
았다.

보았다시피 클래스 기반 이터레이터와 제너레이터 함수는 같은 디자인 패턴
을 다르게 나타낸 표현식일 뿐이다.

제너레이터 함수는 여러분의 코드에서 이터레이터 프로토콜을 지원하기 위
한 지름길로, 클래스 기반 이터레이터처럼 장황한 코드를 작성하지 않아도 된
다. 이처럼 특화된 구문과 간편 문법 덕분에 개발자의 시간이 절약되고 개발자
로서의 삶도 한결 편해진다.

파이썬뿐 아니라 다른 프로그래밍 언어에서도 비슷한 경향이 나타나고 있
다. 더 많은 개발자가 디자인 패턴을 사용함에 따라 언어 개발자가 추상화 및
손쉬운 구현법을 제공해서 얻는 효용이 점점 커지고 있다.

프로그래밍 언어는 시간이 흐르면서 이런 식으로 발전한다. 개발자는 이런
이점을 누린다. 점점 늘어나는 강력한 빌딩 블록으로 작업할 수 있기 때문에
업무가 줄어들고 더 짧은 시간 내에 더 많은 것을 얻을 수 있다.

이번 장의 앞부분에서 클래스 기반 이터레이터 작성을 위한 간편 문법을 제
공하는 제너레이터를 살펴보았다. 그리고 이번 절에서 살펴볼 '제너레이터 표
현식'은 그 위에 또 한 층의 간편 문법을 올릴 것이다.

제너레이터 표현식은 이터레이터 작성을 위한 좀 더 효과적이고 손쉬운 방
법을 제공한다. 리스트 내포식과 같이 간단하고 간결한 구문을 사용하면 코드

한 줄로 이터레이터를 정의할 수 있다.

다음은 그 예다.

```
iterator = ('Hello' for i in range(3))
```

반복될 때 이 제너레이터 표현식은 이전 절에서 작성한 bounded_repeater 제너레이터 함수와 동일한 값 시퀀스를 생성한다. 여기서 다시 기억을 되살려 보자.

```
def bounded_repeater(value, max_repeats):
    for i in range(max_repeats):
        yield value

iterator = bounded_repeater('Hello', 3)
```

네 줄짜리 제너레이터 함수 또는 그보다 더 긴 클래스 기반 이터레이터가 필요했던 일을 이제 한 줄짜리 제너레이터 표현식이 해낸다니 놀랍지 않나?

하지만 더 나아가 보자. 제너레이터 표현식으로 정의된 이터레이터가 실제 예상대로 작동하는지 확인해 보자.

```
>>> iterator = ('Hello' for i in range(3))
>>> for x in iterator:
...     print(x)
'Hello'
'Hello'
'Hello'
```

꽤 좋아 보인다! bounded_repeater 제너레이터 함수에서 얻은 것과 똑같은 결과를 한 줄짜리 제너레이터 표현식에서 얻는 것처럼 보인다.

한 가지 작은 주의 사항이 있다. 제너레이터 표현식은 한 번 사용되면 다시 시작하거나 사용할 수 없다. 따라서 어떤 경우에는 제너레이터 함수나 클래스 기반 이터레이터를 사용하는 것이 좋다.

제너레이터 표현식 대 리스트 내포식

제너레이터 표현식은 리스트 내포식과 다소 비슷하다.

```
>>> listcomp = ['Hello' for i in range(3)]
>>> genexpr = ('Hello' for i in range(3))
```

그러나 리스트 내포식과 달리 제너레이터 표현식은 리스트 객체를 생성하지 않는다. 대신 클래스 기반 이터레이터 또는 제너레이터 함수처럼 '필요할 때' 값을 생성한다.

제너레이터 표현식을 변수에 할당하면 얻을 수 있는 것은 반복 가능한 '제너레이터 객체'다.

```
>>> listcomp
['Hello', 'Hello', 'Hello']

>>> genexpr
<generator object <genexpr> at 0x1036c3200>
```

제너레이터 표현식이 생성하는 값에 접근하려면 다른 이터레이터와 마찬가지로 next()를 호출해야 한다.

```
>>> next(genexpr)
'Hello'
>>> next(genexpr)
'Hello'
>>> next(genexpr)
'Hello'
>>> next(genexpr)
StopIteration
```

또는 생성된 모든 값을 담은 리스트 객체를 만들기 위해 제너레이터 표현식에서 list 함수를 호출할 수도 있다.

```
>>> genexpr = ('Hello' for i in range(3))
>>> list(genexpr)
['Hello', 'Hello', 'Hello']
```

물론 이것은 제너레이터 표현식(또는 그 문제에 대한 다른 이터레이터)을 리스트로 '변환'할 수 있는 방법을 보여 주기 위한 예제일 뿐이다. 리스트 객체가 필요한 경우 일반적으로 처음부터 리스트 내포식을 작성하면 된다.

이 간단한 제너레이터 표현식의 구문 구조를 자세히 살펴보자. 보아야 할 패턴은 다음과 같다.

```
genexpr = (expression for item in collection)
```

앞의 제너레이터 표현식 '템플릿'은 다음 제너레이터 함수에 해당한다.

```python
def generator():
    for item in collection:
        yield expression
```

리스트 내포식과 마찬가지로 이것은 많은 제너레이터 함수를 간결한 제너레이터 표현식으로 변환하기 위해 적용할 수 있는 일률적인 패턴을 제공한다.

값 걸러 내기

이 템플릿에 추가할 수 있는 유용한 부가 기능이 있다. 조건을 가지고 항목을 필터링하는 것이다. 다음은 그 예다.

```python
>>> even_squares = (x * x for x in range(10)
                    if x % 2 == 0)
```

이 제너레이터는 0부터 9까지의 모든 짝수 정수의 제곱수를 산출한다. %(모듈로) 연산자를 사용하는 이 필터링 조건은 2로 나눌 수 없는 값을 거부한다.

```python
>>> for x in even_squares:
...     print(x)
0
4
16
36
64
```

제너레이터 표현식 템플릿을 업데이트하자. if 조건문을 통한 항목 필터링을 추가한 후 템플릿은 이제 다음과 같이 보인다.

```python
genexpr = (expression for item in collection
           if condition)
```

이번에도 역시, 이 패턴은 다음의 (상대적으로 더 직관적이지만 더 긴) 제너레이터 함수와 똑같이 동작한다. 참고만 하고 간편 문법을 활용하자.

```python
def generator():
    for item in collection:
        if condition:
            yield expression
```

인라인 제너레이터 표현식

제너레이터 표현식은 단지 표현식이기 때문에 다른 구문과 함께 인라인으로 쓸 수 있다. 예를 들어 이터레이터를 정의하고 for 반복문에 바로 쓸 수 있다.

```
for x in ('Bom dia' for i in range(3)):
    print(x)
```

제너레이터 표현식을 더 아름답게 만들어 주는 또 다른 구문 트릭이 있다. 제너레이터 표현식을 함수의 유일한 인자로 사용하면 다음과 같이 제너레이터 표현식을 둘러싼 괄호를 삭제할 수 있다.

```
>>> sum((x * 2 for x in range(10)))
90

# Vs:

>>> sum(x * 2 for x in range(10))
90
```

이를 통해 간결하고 효율적인 코드를 작성할 수 있다. 제너레이터 표현식은 클래스 기반 이터레이터 또는 제너레이터 함수처럼 값을 '필요할 때' 생성하기 때문에 매우 메모리 효율적이다.

너무 좋더라도

리스트 내포식과 마찬가지로 제너레이터 표현식은 지금까지 살펴본 것보다 더 복잡하게도 쓰일 수 있다. 예를 들어, 다음에서 보듯 중첩된 for 반복문과 필터 구문을 통해 더 넓은 용도에 활용할 수 있다.

```
(expr for x in xs if cond1
     for y in ys if cond2
     ...
     for z in zs if condN)
```

이 패턴을 제너레이터 함수 로직으로 풀어 보면 다음과 같은 모습이 된다.

```
for x in xs:
    if cond1:
        for y in ys:
```

```
        if cond2:
            ...
                for z in zs:
                    if condN:
                        yield expr
```

그리고 이 부분이 내가 크게 경고를 하고 싶은 지점이다.

이와 같이 깊이 중첩된 제너레이터 표현식은 쓰지 말자. 장기적으로 유지 보수하기 매우 힘들 수 있다.

이것은 '좋은 약도 지나치면 독이 된다'는 상황 중 하나다. 즉 아름답고 간단한 도구를 남용해서 읽기 어렵고 디버그하기 어려운 프로그램을 만들 수 있다.

리스트 내포식과 마찬가지로 나는 개인적으로 두 단계 이상의 중첩을 포함하는 제너레이터 표현식에서 벗어나려고 노력한다.

제너레이터 표현식은 유용하고 파이썬적인 도구이지만 그렇다고 해서 직면한 모든 문제에 사용해야 하는 것은 아니다. 복잡한 이터레이터의 경우에는 제너레이터 함수 또는 클래스 기반 이터레이터를 작성하는 것이 더 좋다.

중첩된 제너레이터와 복잡한 필터 조건을 사용해야 하는 경우 일반적으로 하위 제너레이터로 뽑아내어(이름을 지정할 수 있음) 최상위 수준에서 다시 연결하는 것이 좋다. 이러한 '이터레이터 체인(chain)'에 대해서는 다음 절에서 어떻게 하는지 살펴본다.

애매해서 고민이 된다면 다른 구현을 시도해 보고 가장 가독성이 높은 것을 선택하자. 나를 믿어라. 장기적으로 시간이 절약될 것이다.

요점 정리

- 제너레이터 표현식은 리스트 내포식과 비슷하다. 그러나 리스트 객체는 생성하지 않는다. 대신 제너레이터 표현식은 클래스 기반 이터레이터 또는 제너레이터 함수처럼 '필요할 때' 값을 생성한다.
- 제너레이터 표현식은 한 번 사용되면 다시 생성하거나 재사용할 수 없다.
- 제너레이터 표현식은 간단한 '임시' 이터레이터를 구현하는 데 가장 적합하다. 복잡한 이터레이터의 경우 제너레이터 함수 또는 클래스 기반 이터레이터를 작성하는 것이 좋다.

6.7 이터레이터 체인

이터레이터의 또 다른 뛰어난 특징은 여러 개의 이터레이터를 연결함으로써 매우 효율적인 데이터 처리 '파이프라인(pipeline)'을 작성할 수 있다는 것이다. 데이비드 비즐리(David Beazley)의 파이콘(PyCon) 발표에서 이 패턴을 처음 접했는데, 보자마자 내 마음을 사로잡았다.

제너레이터 함수와 제너레이터 표현식을 활용한다면 시간과 노력을 덜 들이고도 간결하고 강력한 이터레이터 체인을 구축할 수 있다. 이 기술이 실제로 어떤지 알아보고 자신의 프로그램에 사용하는 방법을 설명하겠다.

요약하자면 제너레이터와 제너레이터 표현식은 파이썬에서 이터레이터를 작성하기 위한 간편 문법으로, 클래스 기반 이터레이터를 작성할 때 필요한 많은 상용구 코드를 추상화한다.

일반 함수가 반환값을 하나만 생성하는 데 반해 제너레이터는 일련의 결과를 생성한다. 반복이 종료될 때까지 값의 스트림을 만든다고 말할 수 있다.

예를 들어 카운터를 유지하고 next()가 호출될 때마다 새 값을 산출하여 1에서 8까지 일련의 정숫값을 생성하는 제너레이터를 다음과 같이 정의할 수 있다.

```
def integers():
    for i in range(1, 9):
        yield i
```

이 코드의 동작을 확인하고 싶다면 파이썬 REPL에서 다음 코드를 실행해 보자.

```
>>> chain = integers()
>>> list(chain)
[1, 2, 3, 4, 5, 6, 7, 8]
```

지금까지는 그다지 흥미롭지 않았다. 이제 이것을 빨리 바꿀 것이다. 제너레이터는 파이프라인처럼 작동하는 효율적인 데이터 처리 알고리즘을 구축하기 위해 서로 '연결'될 수 있다.

즉 integers() 제너레이터에서 나오는 값의 '스트림'을 가져와서 다른 제너레이터로 다시 공급할 수 있다. 예를 들어 다음 코드는 입력 인자로 받은 제너레이터에서 각 숫자를 취하고 제곱을 한 다음 이를 전달한다.

```python
def squared(seq):
    for i in seq:
        yield i * i
```

그리고 다음이 바로 '데이터 파이프라인' 또는 '제너레이터 체인'이 동작하는 모습이다.

```python
>>> chain = squared(integers())
>>> list(chain)
[1, 4, 9, 16, 25, 36, 49, 64]
```

그리고 이 파이프라인에 새로운 빌딩 블록을 계속 추가할 수 있다. 데이터는 한 방향으로만 흐르고 각 처리 단계는 잘 정의된 인터페이스를 통해 다른 처리 단계와 격리된다.

이것은 유닉스에서 파이프라인이 작동하는 것과 비슷하다. 유닉스에서는 한 프로세스의 출력이 다음 프로세스의 입력으로 직접 전달되도록 프로세스 시퀀스를 연결할 수 있다.

이번에는 파이프라인에 또 다른 단계를 추가하여 각 값을 음수로 만들고 나서 체인의 다음 처리 단계로 전달해 보자.

```python
def negated(seq):
    for i in seq:
        yield -i
```

제너레이터 체인을 다시 만들고 마지막에 negated를 붙이면 다음과 같은 결과가 나온다.

```python
>>> chain = negated(squared(integers()))
>>> list(chain)
[-1, -4, -9, -16, -25, -36, -49, -64]
```

제너레이터 체인에서 내가 가장 좋아하는 점은 데이터 처리가 '한 번에 한 항목씩' 이뤄진다는 것이다. 체인의 처리 단계 사이에는 버퍼링이 없다. 즉 다음의 처리 단계들이 한 번에 수행된다.

1. integers 제너레이터는 단일 값을 산출한다. 3이라고 하자.
2. 이는 squared 제너레이터를 '활성화'하여 3×3을 처리하여 그 결과인 9를 다음 단계로 전달한다.
3. squared 제너레이터에 의해 생성된 제곱수는 즉시 negated 제너레이터로 공급되고 이를 -9로 수정하여 그 값을 내보낸다.

이 제너레이터 체인을 계속 확장하여 여러 단계의 처리 파이프라인을 구축할 수 있다. 체인의 각 단계가 개별 제너레이터 함수이기 때문에 여전히 효율적으로 작동하고 쉽게 수정할 수 있다.

이 처리 파이프라인의 각 개별 제너레이터 함수는 매우 간결하다. 그리고 다음과 같이 약간의 트릭으로 가독성을 많이 희생하지 않고도 이 파이프라인의 정의를 더욱 축약할 수 있다.

```
integers = range(8)
squared = (i * i for i in integers)
negated = (-i for i in squared)
```

체인의 각 처리 단계를 이전 단계의 출력에서 빌드된 제너레이터 표현식으로 대체한 방법에 주목하자. 이 코드는 앞에서 작성한 제너레이터 체인과 같다.

```
>>> negated
<generator object <genexpr> at 0x1098bcb48>
>>> list(negated)
[0, -1, -4, -9, -16, -25, -36, -49]
```

제너레이터 표현식을 사용할 때 유일한 단점은 함수 인자로 구성할 수 없고 하나의 처리 파이프라인에서 동일한 제너레이터 표현식을 여러 번 재사용할 수 없다는 것이다.

물론 파이프라인을 구축할 때 제너레이터 표현식과 일반 제너레이터를 자유롭게 조합할 수 있다. 이렇게 하면 복잡한 파이프라인의 가독성을 향상시킬 수 있다.

요점 정리

- 제너레이터는 매우 효율적이고 유지 보수가 쉬운 데이터 처리 파이프라인

을 형성하기 위해 함께 연결될 수 있다.

· 체인으로 연결된 제너레이터들은 체인을 통과하는 각 항목을 개별적으로
처리한다.

· 제너레이터 표현식을 사용하여 파이프라인 정의를 간결하게 작성할 수 있
지만 이는 가독성에 영향을 줄 수 있다.

## 7장

P y t h o n   T r i c k s

딕셔너리 트릭

7.1 딕셔너리 기본값

파이썬의 딕셔너리에는 대쳇값을 제공하면서 키를 찾는 get() 메서드가 있다.
이 메서드는 많은 경우에 편리하다. 간단한 예를 들어 주겠다. 사용자 아이디
를 사용자 이름에 연결하는 다음과 같은 데이터 구조가 있다고 가정해 보자.

```
name_for_userid = {
    382: 'Alice',
    950: 'Bob',
    590: 'Dilbert',
}
```

이제 이 데이터 구조를 사용하여 사용자 아이디를 기반으로 사용자에게 인사
말을 반환하는 greeting() 함수를 작성하자. 첫 번째 구현은 다음과 같다.

```
def greeting(userid):
    return 'Hi %s!' % name_for_userid[userid]
```

보다시피 간단한 딕셔너리 조회다. 첫 번째 구현은 기술적으로 작동하지만 사
용자 아이디가 name_for_userid 딕셔너리의 유효한 키인 경우에만 작동한다.
인사 함수에 잘못된 사용자 아이디를 전달하면 예외가 발생한다.

```
>>> greeting(382)
'Hi Alice!'
```

```
>>> greeting(33333333)
KeyError: 33333333
```

KeyError 예외는 실제로 우리가 보고 싶은 결과가 아니다. 사용자 아이디를 찾을 수 없는 경우 함수가 예외 대신 일반적인 인사말을 반환하면 훨씬 더 좋을 것이다.

첫 번째로 살펴볼 방식은 딕셔너리에 아이디(키)가 있는지 확인한 다음, 없는 아이디라면 기본 인사말을 반환하는 간단한 형태다.

```python
def greeting(userid):
    if userid in name_for_userid:
        return 'Hi %s!' % name_for_userid[userid]
    else:
        return 'Hi there!'
```

이번 greeting() 구현이 이전과 어떻게 달라졌는지 비교해 보자.

```
>>> greeting(382)
'Hi Alice!'
```

```
>>> greeting(33333333)
'Hi there!'
```

훨씬 낫다. 이제 알 수 없는 사용자를 위한 일반적인 인사말이 나오고 올바른 사용자 아이디가 발견되면 이전처럼 개인화된 인사말을 출력한다.

그러나 여전히 개선의 여지가 있다. 이 새로운 구현은 예상된 결과를 제공하고, 작고 깨끗하게 보이지만 더 개선될 수 있다. 나는 현재 접근법에 몇 가지 불만이 있다.

- 딕셔너리를 두 번 조회하기 때문에 비효율적이다.
- 인사말 문자열의 일부가 반복되기 때문에 장황하다.
- '파이썬답지' 않다. 파이썬 공식 문서는 이러한 상황에서 특별히 "허가보다는 용서를 구하는 게 쉽다"는 뜻의 EAFP(Easier to Ask for Forgiveness than Permission) 코딩 스타일을 권장한다. 이 일반적인 파이썬 코딩 스타일은 유

효한 키 혹은 속성이 존재한다고 가정하고, 만약 이 가정이 틀렸다고 판명되면 그때 예외를 처리하는 방식이다."[1]

다음은 EAFP 원칙을 따르는 더 나은 구현으로, 명시적 키 테스트 대신 try... except 블록을 사용하여 KeyError를 잡는다.

```python
def greeting(userid):
    try:
        return 'Hi %s!' % name_for_userid[userid]
    except KeyError:
        return 'Hi there'
```

이 구현은 여전히 정확하게 동작하며 이제는 딕셔너리를 두 번 조회할 필요가 없다.

그런데 이것을 더욱 향상시켜서 더 깨끗한 해결책을 제시할 수 있다. 파이썬 딕셔너리에는 대쳇값으로 사용할 수 있는 '기본' 매개 변수를 지원하는 get() 메서드가 있다.[2]

```python
def greeting(userid):
    return 'Hi %s!' % name_for_userid.get(
        userid, 'there')
```

get()이 호출되면 지정된 키가 딕셔너리에 있는지 확인한다. 포함되어 있으면 해당 키에 연결된 값이 반환된다. 존재하지 않으면 기본 매개 변수의 값이 대신 반환된다. 보다시피 greeting 구현은 의도한 대로 작동한다.

```python
>>> greeting(950)
'Hi Bob!'
```

```python
>>> greeting(333333)
'Hi there!'
```

greeting()의 최종 구현은 간결하고 깨끗하며 파이썬 표준 라이브러리의 기능만 사용한다. 따라서 나는 이 특정한 상황을 위한 최선의 해결책이라 믿는다.

---

1   (옮긴이) 어떤 동작을 실행해도 괜찮은지 먼저 검사해 본 후 실행하는 방식보다, 그냥 실행해 보고 안 되면 그때 대응하는 코딩 스타일을 말한다. 검사 부분이 없어지기 때문에 일반적으로 코드가 깔끔해진다.
2   파이썬 공식 문서: 'dict.get() method'(https://docs.python.org/3/library/stdtypes.html#dict.get)

요점 정리

- 멤버십을 테스트할 때 딕셔너리의 키를 명시적으로 확인하지 말라.
- EAFP 스타일의 예외 처리 또는 내장된 get() 메서드를 사용하는 편이 바람직하다.
- 어떤 경우에는 표준 라이브러리의 collections.defaultdict 클래스가 도움이 될 수 있다.

7.2 재미있고 효과도 좋은 딕셔너리 정렬

파이썬 딕셔너리에는 고유한 순서가 없다. 반복할 수는 있지만 항목들을 특정 순서로 반환한다는 보장은 없다(파이썬 3.6에서는 바뀌었지만).

그러나 딕셔너리의 '정렬된 표현'을 가져와서 키 또는 값, 다른 파생 속성을 기반으로 딕셔너리의 항목을 임의의 순서로 배치하는 것이 유용할 때가 많다. 다음 키-값 쌍을 가진 딕셔너리 xs가 있다고 가정해 보자.

```
>>> xs = {'a': 4, 'c': 2, 'b': 3, 'd': 1}
```

이 딕셔너리에서 키-값 쌍의 정렬된 리스트를 얻으려면 딕셔너리의 items() 메서드를 호출한 다음 그 결과 시퀀스를 정렬하는 2단계 방식을 활용할 수 있다.

```
>>> sorted(xs.items())
[('a', 4), ('b', 3), ('c', 2), ('d', 1)]
```

키-값 튜플은 시퀀스 비교를 위한 파이썬의 표준 사전식 순서로 정렬된다.

파이썬에서 두 튜플을 비교할 때는 먼저 인덱스 0에 저장된 항목끼리 비교한다. 두 항목이 다르면 그 결과가 그대로 튜플 비교의 결과가 된다. 반면 두 항목이 같다면 그다음 인덱스의 항목들을 비교하는 식이다.

이 경우 튜플들은 모두 (키의 중복을 허용하지 않는) 딕셔너리에서 가져온 것이므로 모든 튜플의 첫 번째 인덱스의 값은 고유하다. 따라서 그다음 인덱스를 비교할 일은 없다.

사전식 순서가 정확히 여러분이 원하는 결과일 경우도 있겠지만, 예를 들어 값을 기준으로 정렬해야 할 때도 있을 것이다.

다행히 항목을 나열하는 방법을 완벽하게 제어할 수 있다. sorted()에 '키 함수'를 전달하여 딕셔너리 항목을 비교하는 방법을 변경하면 순서를 제어할 수 있다.

키 함수는 단순히 비교하기 전에 각 요소에 대해 호출되는 일반적인 파이썬 함수다. 키 함수는 딕셔너리 항목을 입력으로 받아 정렬 순서 비교를 위해 원하는 키를 반환한다.

불행하게도 여기서 '키'라는 단어가 두 가지 문맥에서 동시에 사용된다. 키 함수는 딕셔너리 키를 다루지 않으며 그저 각 입력 항목을 임의의 비교 키로 연결하는 역할이다.

예제를 봐야겠다. 나를 믿어라. 키 함수는 실제 코드를 보게 되면 훨씬 이해하기 쉬울 것이다.

딕셔너리를 값을 기준으로 정렬하고자 한다고 가정해 보자. 이 결과를 얻으려면 튜플의 두 번째 항목을 검색하여 각 키-값 쌍의 값을 반환하는 다음 키 함수를 사용할 수 있다.

```
>>> sorted(xs.items(), key=lambda x: x[1])
[('d', 1), ('c', 2), ('b', 3), ('a', 4)]
```

키-값 쌍의 결과 리스트가 이제 원래 딕셔너리에 저장된 값을 기준으로 정렬되었음을 확인하자. 키 함수의 동작 방식은 잠시 살펴볼 만한 가치가 있다. 모든 종류의 파이썬 문맥에서 적용할 수 있는 강력한 개념이기 때문이다.

사실 이 개념은 매우 흔히 쓰여서 파이썬 표준 라이브러리에서도 operator라는 모듈에 관련 기능을 미리 구현해 두었다. 이 모듈은 가장 자주 쓰이는 키 함수들을 바로 쓸 수 있는 빌딩 블록 형태로 제공한다. 대표적으로는 operator.itemgetter와 operator.attrgetter가 있다.

다음은 앞 예제에서 람다 기반 인덱스 조회를 operator.itemgetter로 대체하는 예제다.

```
>>> import operator
>>> sorted(xs.items(), key=operator.itemgetter(1))
[('d', 1), ('c', 2), ('b', 3), ('a', 4)]
```

operator 모듈을 사용하면 코드의 의도가 좀 더 명확해지기도 한다. 반면에 간 단한 람다 표현식을 사용하면 읽기 쉽고 좀 더 명료하게 표현할 수 있다. 지금 의 예제에서라면 나는 사실 람다식을 선호한다.

람다를 사용자 정의 키 함수로 사용하는 또 다른 이점은 정렬 순서를 훨씬 더 세밀하게 제어할 수 있다는 것이다. 예를 들어 딕셔너리에 저장된 각 값의 절 댓값을 기준으로 정렬할 수 있다.

```python
>>> sorted(xs.items(), key=lambda x: abs(x[1]))
```

더 큰 값이 먼저 나올 수 있도록 정렬 순서를 바꾸려면 sorted()를 호출할 때 reverse = True 키워드 인자를 사용하면 된다.

```python
>>> sorted(xs.items(),
           key=lambda x: x[1],
           reverse=True)
[('a', 4), ('b', 3), ('c', 2), ('d', 1)]
```

앞서 말했듯이 키 함수가 어떻게 작동하는지 잘 파악하는 데는 충분한 시간을 할애할 가치가 있다. 키 함수는 아주 유연하여 종종 하나의 데이터 구조를 다 른 구조로 변환해야 할 때 코딩 시간을 상당히 줄여 주기도 한다.

요점 정리

- 딕셔너리 및 기타 컬렉션의 정렬된 '뷰(view)'를 만들 때 키 함수로 정렬 순 서를 조정할 수 있다.
- 키 함수는 파이썬에서 중요한 개념이다. 가장 많이 사용되는 키 함수들은 표준 라이브러리의 operator 모듈에 추가되었다.
- 함수는 파이썬의 일급 시민으로, 파이썬 언어의 모든 곳에서 사용되는 강력 한 기능이다.

7.3 딕셔너리로 switch/case 문 모방하기

파이썬에는 switch/case 문이 없으므로 때로는 긴 if...elif...else 체인을 해 법으로 쓰기도 한다. 이번에는 딕셔너리와 일급 함수로 파이썬에서 switch/

case 문을 모방하는 데 사용할 수 있는 트릭을 알아볼 것이다. 흥미진진한가?
좋다. 시작해 보자!

프로그램에 다음 if 체인이 등장한다고 상상해 보자.

```
>>> if cond == 'cond_a':
...     handle_a()
... elif cond == 'cond_b':
...     handle_b()
... else:
...     handle_default()
```

물론 세 가지 조건뿐이라면 아직 너무 끔찍하지는 않다. 그러나 여기에 elif 문
이 열 개 이상 있다고 상상해 보자. 상황이 약간 달라 보이기 시작할 것이다. 나
는 긴 if 체인을 가독성이 떨어지고 유지 관리하기 힘든 '코드 냄새'라 생각한다.

이 문제에 대응하는 한 가지 방법은 긴 if...elif...else 문을 switch/case 문
의 동작을 모방하는 딕셔너리 조회 테이블로 대체하는 것이다.

이 아이디어는 파이썬이 '일급 함수'를 사용한다는 사실을 활용하는 것이다.
즉 다른 함수의 인자로 전달되고 다른 함수의 값으로 반환되며 변수에 할당되
고 데이터 구조에 저장될 수 있다는 점을 활용하는 것이다.

예를 들어 함수를 정의한 다음 나중에 접근할 수 있도록 리스트에 저장할 수
있다.

```
>>> def myfunc(a, b):
...     return a + b
...
>>> funcs = [myfunc]
>>> funcs[0]
<function myfunc at 0x107012230>
```

이 함수를 호출하는 구문은 직관적으로 예상하는 대로 동작한다. 인덱스를 사
용해 리스트에서 함수를 가져온 다음 함수를 호출하고 인자를 전달할 때는 '()'
호출 구문을 사용한다.

```
>>> funcs[0](2, 3)
5
```

이제 일급 함수를 사용하여 연속된 if 문을 잘라 내려면 어떻게 해야 할까? 여

기서 핵심 아이디어는 입력 조건을 키로, 의도한 작업을 수행하는 함수를 값으로 하는 딕셔너리를 정의하는 것이다.

```
>>> func_dict = {
...     'cond_a': handle_a,
...     'cond_b': handle_b
... }
```

if 문을 통과하면서 각 조건을 검사하는 대신 입력 조건을 키로, 의도한 작업을 수행하는 함수를 값으로 하는 딕셔너리를 정의하는 것이다.

```
>>> cond = 'cond_a'
>>> func_dict[cond]()
```

딕셔너리에 cond가 있는 한 이 구현은 예술이나 다름없다. 없으면 KeyError 예외가 발생한다.

원래의 else 분기에 해당하는 기본 케이스를 지원하는 방법을 찾아보자. 다행히 모든 파이썬 딕셔너리에는 지정한 키를 찾을 수 없을 경우 기본값을 반환하는 get() 메서드가 있다. 바로 우리가 필요로 하는 것이다.

```
>>> func_dict.get(cond, handle_default)()
```

이 토막 코드는 구문적으로 이상하게 보일 수 있지만 이를 분해하면 이전 예제와 똑같이 작동한다. 이번에도 우리는 파이썬의 일급 함수를 사용하여 대쳇값으로 handle_default를 get() 조회에 전달한다. 이런 식으로 딕셔너리에서 조건을 찾을 수 없는 경우 KeyError를 발생시키지 않고 대신 기본 처리 함수를 호출한다.

if 체인을 대체하기 위해 딕셔너리 검색과 일급 함수를 사용하는 좀 더 완벽한 예제를 살펴보자. 다음 예제를 읽은 후 특정 종류의 if 문을 딕셔너리 기반 처리문으로 변환하는 데 필요한 패턴을 볼 수 있다.

이제 변환할 if 체인을 가진 또 다른 함수를 작성할 것이다. 이 함수는 'add' 또는 'mul'과 같은 문자열 형태의 연산 코드를 취한 다음 피연산자 x와 y에 대해 해당 사칙 연산을 수행한다.

```
>>> def dispatch_if(operator, x, y):
...     if operator == 'add':
...         return x + y
...     elif operator == 'sub':
...         return x - y
...     elif operator == 'mul':
...         return x * y
...     elif operator == 'div':
...         return x / y
```

솔직히 말해서 어설픈 예지만(코드를 여러 쪽에 걸쳐 늘어놓아 여러분을 지루하게 만들고 싶지는 않다) 근본적인 디자인 패턴을 잘 보여 준다. 일단 패턴을 파악하면 모든 종류의 다양한 시나리오에서 패턴을 적용할 수 있다.

이 dispatch_if() 함수가 연산을 잘 수행하는지 확인해 보려면 연산 코드(문자열)와 피연산자(숫자) 두 개를 인자로 넣어 호출하면 된다.

```
>>> dispatch_if('mul', 2, 8)
16
>>> dispatch_if('unknown', 2, 8)
None
```

unknown을 넣어도 동작하는 이유는 파이썬이 모든 함수의 끝에 암시적으로 return None 문장을 추가하기 때문이다.

지금까지 그런대로 잘됐다. 이제 원래의 dispatch_if()를 새로운 함수로 변환해 보자. 이 새로운 함수는 연산 코드를 해당 사칙 연산을 수행하는 일급 함수와 매핑하는 데 딕셔너리를 사용한다.

```
>>> def dispatch_dict(operator, x, y):
...     return {
...         'add': lambda: x + y,
...         'sub': lambda: x - y,
...         'mul': lambda: x * y,
...         'div': lambda: x / y,
...     }.get(operator, lambda: None)()
```

이 딕셔너리 기반 구현은 원래 dispatch_if()와 동일한 결과를 제공한다. 두 함수를 정확히 같은 방식으로 호출할 수 있다.

```
>>> dispatch_dict('mul', 2, 8)
16
>>> dispatch_dict('unknown', 2, 8)
None
```

실제 '제품'에 쓰일 코드라면 더 개선할 수 있는 몇 가지 방법이 있다.

먼저 dispatch_dict()가 호출될 때마다 연산 코드 조회를 위한 임시 딕셔너리와 다수의 람다가 만들어진다. 이렇게 하면 성능 측면에서 이상적이지 않다. 빨리 처리해야 하는 코드의 경우 딕셔너리를 상수로 한 번만 만들어 놓고 함수가 호출될 때 이를 참조하는 것이 더 적합하다. 우리는 조회가 필요할 때마다 딕셔너리를 다시 만들고 싶지 않다.

둘째, x + y와 같은 간단한 산술 연산을 원한다면 예제에서 사용된 람다 함수 대신 파이썬의 내장 operator 모듈을 사용하는 것이 더 낫다. operator 모듈은 operator.mul, operator.div 등의 모든 파이썬 연산자에 대응하는 구현을 제공한다. 이것은 사소한 부분이다. 이 예제에서는 의도적으로 람다를 사용하여 좀 더 일반적인 모습으로 만들었다. 이렇게 하면 다른 상황에서도 패턴을 적용하는 데 도움이 된다.

이제 여러분은 if 체인을 다루기 어려울 때 사용할 수 있는 또 다른 도구를 가지게 됐다. 이 기법은 모든 상황에 적용되지는 않으며 때로 평이한 if 문을 사용하는 것이 더 나을 수도 있음을 기억하자.

요점 정리

- 파이썬에는 switch/case 문이 없다. 그러나 경우에 따라 딕셔너리 기반의 처리 테이블을 사용하여 긴 if 체인을 피할 수 있다.
- 다시 한 번 파이썬의 일급 함수가 강력한 도구임을 입증했다. 그러나 강력한 힘에는 큰 책임이 따른다.

7.4 딕셔너리 표현식의 특이점

정말 깊이 있는 작은 코드에 감탄할 때가 있다. 충분히 깊이 생각한다면 그 코드 한 줄이 프로그래밍 언어에 대해 많은 것을 가르쳐 줄 수 있다. 이러한 토막 코드는 선(禪, Zen)의 수련에서 의심을 불러일으키고 수도자의 진도를 시험하기 위해 사용되는 일명 '선의 화두' 같은 것이다.

이번에 논의할 작은 토막 코드는 그러한 예 중 하나다. 언뜻 보기에는 간단한 딕셔너리 표현식처럼 보일 수도 있지만 자세히 살펴보면 CPython 인터프리터를 통해 생각이 확장되는 여정으로 안내한다.

참석자들 간에 대화를 시작할 수 있도록 파이썬 콘퍼런스 배지에 인쇄된 한 줄짜리 코드를 보고 재미있다고 느낀 적이 있다. 또 그 코드 덕분에 파이썬 뉴스레터 회원들과 보람 있는 대화를 나눌 수 있었다.

각설하고 여기 그 토막 코드가 있다. 잠시 시간을 내서 다음 딕셔너리 표현식이 뭘 하는 코드인지 생각해 보자.

```
>>> {True: 'yes', 1: 'no', 1.0: 'maybe'}
```

잠시 기다리겠다. 좋아, 준비됐나?

다음은 CPython 인터프리터 세션에서 앞의 딕셔너리 표현식을 평가해 얻은 결과다.

```
>>> {True: 'yes', 1: 'no', 1.0: 'maybe'}
{True: 'maybe'}
```

나는 처음에 이 결과를 보고 놀랐다. 그러나 단계별로 조사해 보면 모두 일리가 있다. 자, 왜 이 결과를 얻었는지 생각해 보자. 다소 비직관적인 결과이기는 하지만 말이다.

파이썬은 딕셔너리 표현식을 처리할 때 먼저 새로운 빈 딕셔너리 객체를 생성한다. 그리고 나서 딕셔너리 표현식에 주어진 순서대로 키와 값을 할당한다.

그러므로 나눠서 살펴보면 우리의 딕셔너리 표현식은 다음과 같은 순서대로 실행되는 명령문 시퀀스와 동일하다.

```
>>> xs = dict()
>>> xs[True] = 'yes'
>>> xs[1] = 'no'
>>> xs[1.0] = 'maybe'
```

이상하게도 파이썬은 이 예제에서 사용된 모든 딕셔너리 키가 같다고 간주한다.

```
>>> True == 1 == 1.0
True
```

좋다. 잠깐 여기서 기다려 보자. 여러분이 직관적으로 1.0 == 1을 받아들일 수 있다고 확신하지만 True가 1과 같다고 간주되는 이유는 무엇일까? 나는 이 딕셔너리 표현식을 처음 보았을 때 정말 당황스러웠다.

파이썬 공식 문서를 찾아본 후에 파이썬이 bool을 int의 서브클래스로 취급한다는 것을 알게 됐다. 파이썬 2와 파이썬 3의 경우에 이렇다.

> "불 타입은 정수형의 하위 타입이며 불값은 거의 모든 문맥에서 각각 0과 1처럼 동작하지만 문자열로 변환될 때는 예외적으로 각각 'False' 또는 'True'다."[3]

그리고 이 말은 '기술적으로' 불값을 리스트나 튜플의 인덱스로 사용할 수 있음을 의미한다.

```
>>> ['no', 'yes'][True]
'yes'
```

하지만 명확성과 동료의 정신 건강을 위해 불 변수를 이렇게 사용해서는 안된다.

어쨌든 딕셔너리 표현식으로 돌아가 보자.

파이썬에 관한 한 True, 1, 1.0은 모두 '동일한 딕셔너리 키'를 나타낸다. 그래서 인터프리터가 딕셔너리 표현식을 평가할 때 키값 True를 반복적으로 겹쳐 쓴다. 이것이 결국 최종 결과물에 하나의 키만 포함되는 이유다.

계속 진행하기에 앞서 원래 딕셔너리 표현식을 다시 한 번 살펴보자.

```
>>> {True: 'yes', 1: 'no', 1.0: 'maybe'}
{True: 'maybe'}
```

키는 왜 여전히 True인 걸까? 반복된 할당으로 1.0으로 바뀌어야 정상 아닌가?

CPython 인터프리터 소스 코드를 이리저리 살펴본 한 후에 파이썬의 딕셔너리는 새로운 값이 연결될 때 키 객체 자체를 업데이트하지 않는다는 사실을 알게 됐다.

---

3   파이썬 공식 문서: 'The Standard Type Hierarchy'(https://docs.python.org/3/reference/datamodel.html#the-standard-type-hierarchy)

```
>>> ys = {1.0: 'no'}
>>> ys[True] = 'yes'
>>> ys
{1.0: 'yes'}
```

물론 이것은 성능 최적화로 이해할 수 있다. 키가 동일하다고 생각되는데 원본을 업데이트하는 데 시간을 보내야 할 이유가 있을까?

마지막 예제에서 처음의 True 객체는 결코 다음에 입력되는 키로 대체되지 않는다는 것을 보았다. 따라서 딕셔너리의 문자열 표현은 여전히 키를 True로 출력한다(1 또는 1.0 대신).

지금까지를 보면 결과 딕셔너리의 값이 덮어써진 이유는 단순히 키가 같아서인 것처럼 보인다. 그러나 이 효과는 __eq__ 동등성 검사만으로 인한 것이 아님이 밝혀졌다.

파이썬 딕셔너리는 해시 테이블 데이터 구조로 뒷받침된다. 이 놀라운 딕셔너리 표현식을 처음 봤을 때 직감으로 이 행동이 해시 충돌과 관련이 있다는 것을 알았다.

알다시피 해시 테이블은 각 키의 해시값에 따라 키를 서로 다른 '메모리 영역'에 저장한다. 해시값은 키로부터 나오며 키를 고유하게 식별하는 고정 길이의 숫잣값이다.

이렇게 하면 조회가 빨라진다. 키 객체 전체를 다른 키들과 동등성 검사를 수행하는 것보다 조회 테이블에서 숫자인 해시값을 찾는 게 훨씬 빠르다.

그러나 일반적인 해시값 계산법은 완벽하지 않다. 그래서 실제로는 다른 둘 이상의 키가 같은 해시값을 가지게 되고, 결국 같은 조회 테이블 메모리에 저장되는 경우가 종종 생긴다.

키 두 개가 같은 해시값을 갖고 있다면 이를 '해시 충돌'이라고 하며, 항목을 삽입하고 찾아내는 데 필요한 해시 테이블 알고리즘이 처리해야 하는 특수한 경우다.

이상의 근거에서 유추해 보면 딕셔너리 표현식의 놀라운 동작은 해시와 관련이 있을 가능성이 크다. 따라서 키의 해시값이 여기서도 중요한 역할을 하는지 알아보자.

이 문제를 분석해 보고자 나는 다음과 같은 클래스를 정의했다.

```
class AlwaysEquals:
    def __eq__(self, other):
        return True

    def __hash__(self):
        return id(self)
```

이 클래스는 두 가지 면에서 특별하다.

첫째, __eq__ 던더 메서드가 항상 True를 반환하기 때문에 이 클래스의 모든 인스턴스는 '어떠한' 다른 객체와도 동일한 것처럼 가장한다.

```
>>> AlwaysEquals() == AlwaysEquals()
True
>>> AlwaysEquals() == 42
True
>>> AlwaysEquals() == 'waaat?'
True
```

둘째, 각 AlwaysEquals 인스턴스는 내장된 id() 함수에 의해 생성된 고유한 해시값을 반환한다.

```
>>> objects = [AlwaysEquals(),
               AlwaysEquals(),
               AlwaysEquals()]
>>> [hash(obj) for obj in objects]
[4574298968, 4574287912, 4574287072]
```

CPython에서 id()는 해당 객체의 메모리 주소를 반환하며, 이 값은 고유함이 보장된다.

이 클래스를 사용하여 다른 객체와 동일하다고 가장하지만 고유한 해시값을 갖는 객체를 만들 수 있다. 이것은 동등성 비교 결과만으로 딕셔너리 키를 덮어쓰는지 시험해 볼 수 있게 해 준다.

그리고 다음 예제에서 보듯, 동등한 키를 사용하더라도 더 이상 값이 덮어쓰이지 않는다.

```
>>> {AlwaysEquals(): 'yes', AlwaysEquals(): 'no'}
{ <AlwaysEquals object at 0x110a3c588>: 'yes',
  <AlwaysEquals object at 0x110a3cf98>: 'no' }
```

또한 이 아이디어를 뒤집어서 동일한 해시값을 반환해도 키를 덮어쓸 수 있는
지 확인할 수 있다.

```
class SameHash:
    def __hash__(self):
        return 1
```

이 SameHash 클래스의 인스턴스들을 비교하면 서로 다르다고 나오지만 모두 동
일한 해시값 1을 공유한다.

```
>>> a = SameHash()
>>> b = SameHash()
>>> a == b
False
>>> hash(a), hash(b)
(1, 1)
```

키로 SameHash의 인스턴스를 사용할 때 딕셔너리가 어떻게 반응하는지 살펴
보자.

```
>>> {a: 'a', b: 'b'}
{ <SameHash instance at 0x7f7159020cb0>: 'a',
  <SameHash instance at 0x7f7159020cf8>: 'b' }
```

이 예제에서 보듯이 해시값 충돌만으로 '키를 덮어쓰는' 효과는 발생하지 않
는다.

　딕셔너리는 동등성을 검사하고 해시값을 비교하여 두 개의 키가 같은지 여
부를 결정한다. 조사 결과를 요약해 보자.

　딕셔너리 표현식 {True: 'yes', 1: 'no', 1.0: 'maybe'}가 {True: 'maybe'}
로 평가되는 이유는 키 True, 1, 1.0이 모두 동등하고 해시값도 같기 때문이다.

```
>>> True == 1 == 1.0
True
>>> (hash(True), hash(1), hash(1.0))
(1, 1, 1)
```

이제는 그다지 놀랍지 않을 것이다. 이상이 딕셔너리가 다음과 같은 최종 상태
를 얻게 된 원인인 것이다.

```
>>> {True: 'yes', 1: 'no', 1.0: 'maybe'}
{True: 'maybe'}
```

많은 주제를 다루었다. 이 특별한 파이썬 트릭이 처음에는 조금 두려울 수 있다. 그래서 서두에서 선의 화두와 비교했다.

이해하기 어려우면 파이썬 인터프리터 세션에서 예제를 하나씩 연습해 보자. 파이썬의 내부 메커니즘에 대한 지식이 폭넓어지는 보상을 얻게 될 것이다.

요점 정리

· 딕셔너리는 __eq__의 비교 결과가 동등하고 해시값이 같다면 키를 동일하게 취급한다.
· 예기치 않은 키 충돌로 인해 놀라운 결과가 발생할 수 있다.

7.5 딕셔너리를 병합하는 많은 방법

파이썬 프로그램용 설정 시스템을 만들어 본 적이 있는가? 이런 시스템은 기본값으로 설정된 데이터 구조를 취한 다음, 각각의 항목을 선택적으로 사용자 입력이나 다른 입력 소스에서 가져온 값으로 덮어쓰는 방식으로 주로 사용된다.

나는 설정 키와 값을 나타내는 기본 데이터 구조로 딕셔너리를 자주 사용한다. 그래서 설정 기본값과 사용자가 덮어쓴 값을 하나의 딕셔너리로 취합해 최종 설정값으로 만드는 방법이 필요했다.

또는 일반화해 말하자면 결과 딕셔너리에 소스 딕셔너리들의 키-값 조합이 모두 포함될 수 있도록 두 개 이상의 딕셔너리를 하나로 병합해야 할 때가 있다.

이번에는 이를 달성하기 위한 몇 가지 방법을 보여 주겠다. 먼저 간단한 예제를 살펴보자. 다음과 같은 소스 딕셔너리 두 개가 있다고 가정해 보자.

```
>>> xs = {'a': 1, 'b': 2}
>>> ys = {'b': 3, 'c': 4}
```

이제 xs의 모든 키와 값, ys의 모든 키와 값을 포함하는 새로운 딕셔너리 zs를 작성하려고 한다. 또한 예제를 자세히 보면 문자열 'b'가 두 딕셔너리 모두에서 키로 나타난다는 것을 알 수 있다. 그러니 키 충돌 문제의 해법도 생각해 봐야 한다.

파이썬에서 '다중 딕셔너리 병합' 문제에 대한 고전적인 해결책은 딕셔너리가 기본 제공하는 update() 메서드를 사용하는 것이다.

```
>>> zs = {}
>>> zs.update(xs)
>>> zs.update(ys)
```

update()를 단순하게 구현해 보면 다음과 같을 것이다. 오른쪽 딕셔너리의 모든 항목을 반복하며 각 키-값 쌍을 왼쪽 딕셔너리에 추가하여 기존 키를 덮어쓴다.

```
def update(dict1, dict2):
    for key, value in dict2.items():
        dict1[key] = value
```

그러면 xs와 ys에 정의된 키가 모두 포함된 새 딕셔너리 zs가 생성된다.

```
>>> zs
>>> {'c': 4, 'a': 1, 'b': 3}
```

또한 update()를 호출하는 순서가 충돌 해결 방식에 영향을 줌을 알 수 있다. 마지막 업데이트가 받아들여져 중복 키 'b'는 두 번째 소스 딕셔너리인 ys에서 나온 값 3과 연결된다.

물론 딕셔너리 여러 개를 하나로 병합하기 위해 원하는 만큼 update()를 반복 호출할 수 있다. 파이썬 2와 파이썬 3에서 작동하는 실용적이고 가독성이 좋은 방법이다.

파이썬 2와 파이썬 3에서 작동하는 또 다른 기술로, 객체를 푸는 ** 연산자와 함께 dict() 내장 함수를 사용하는 방법도 있다.

```
>>> zs = dict(xs, **ys)
>>> zs
{'a': 1, 'c': 4, 'b': 3}
```

그러나 반복되는 update() 호출과 마찬가지로 이 방법은 두 개의 딕셔너리를 병합하는 경우에만 작동하며 임의의 수의 딕셔너리를 한 번에 결합하도록 일반화할 수 없다.

파이썬 3.5부터는 ** 연산자가 더욱 유연해졌다.[4] 그래서 파이썬 3.5 이상에서는 임의의 수의 딕셔너리를 병합하는 또 다른 멋진 방법이 있다.

```
>>> zs = {**xs, **ys}
```

이 표현식은 update() 반복 호출과 완전히 동일한 결과가 나온다. 키와 값은 왼쪽에서 오른쪽 순서로 설정되므로 동일한 충돌 해결 전략을 얻을 수 있다. 오른쪽의 우순선위가 높으므로 ys의 값이 xs에 설정된 같은 키의 기존 값보다 우선한다. 병합 연산의 결과로 나온 딕셔너리를 보면 분명해진다.

```
>>> zs
>>> {'c': 4, 'a': 1, 'b': 3}
```

개인적으로 나는 이 새로운 구문이 간결하면서도 가독성이 충분해서 좋아한다. 가능한 한 코드를 읽기 쉽고 유지하기 쉬운 상태로 관리하려면 항상 자세한 정보와 간결함을 적절히 조화시켜야 한다.

이 경우 파이썬 3로 작업한다면 나는 새로운 구문을 사용하는 편이다. ** 연산자를 사용하면 연속된 update() 호출을 사용한 것보다 빠르다는 장점도 따라온다.

요점 정리

- 파이썬 3.5 이상에서는 ** 연산자를 사용한 표현식 하나로 딕셔너리 객체 여러 개를 병합할 수 있다. 이때 왼쪽 딕셔너리부터 적용되므로 오른쪽 딕셔너리의 값이 왼쪽 딕셔너리의 기존 값을 덮어쓴다.
- 이전 버전의 파이썬과 호환되도록 하려면 딕셔너리의 update() 메서드를 대신 사용할 수 있다.

---

4 PEP 448: 'Additional Unpacking Generalizations'(https://www.python.org/dev/peps/pep-0448/) 참고

7.6 보기 좋은 딕셔너리 출력

디버그용으로 다량의 '출력'문을 뿌려 실행 흐름을 추적해 프로그램에서 버그를 찾아내려고 시도한 적이 있는가? 또는 일부 설정값을 출력하는 로그 메시지를 생성해야 했을 수도 있다.

나는 파이썬의 데이터 구조 중 일부는 텍스트 문자열로 출력하면 읽기가 어려워서 자주 좌절했다. 다음의 간단한 딕셔너리를 예로 살펴보자. 인터프리터 세션에서 출력해 보면 키 순서는 무작위고 들여쓰기도 되어 있지 않다.

```
>>> mapping = {'a': 23, 'b': 42, 'c': 0xc0ffee}
>>> str(mapping)
{'b': 42, 'c': 12648430, 'a': 23}
```

다행히도 좀 더 읽기 좋은 형태의 문자열로 변환해 주는 사용하기 쉬운 대안이 몇 가지 있다. 그중 하나는 파이썬의 내장 json 모듈을 사용하는 것이다. 다음과 같이 json.dumps()를 사용하여 파이썬 딕셔너리를 예쁜 형식으로 출력할 수 있다.

```
>>> import json
>>> json.dumps(mapping, indent=4, sort_keys=True)
{
    "a": 23,
    "b": 42,
    "c": 12648430
}
```

이러한 설정을 사용하면 가독성 좋고 키 순서가 정돈되고 멋지게 들여쓰기된 문자열 표현이 된다.

하지만 완벽한 해법은 아니다. json 모듈로 딕셔너리를 출력하는 기능은 기본 타입만을 담은 딕셔너리에서만 작동한다. 예를 들어 함수와 같이 기본이 아닌 데이터 타입을 포함하는 딕셔너리를 출력하는 데 어려움이 있다.

```
>>> json.dumps({all: 'yup'})
TypeError: "keys must be a string"
```

json.dumps()에는 집합과 같은 복잡한 데이터 타입을 문자열화할 수 없다는 단점도 있다.

```
>>> mapping['d'] = {1, 2, 3}
>>> json.dumps(mapping)
TypeError: "set([1, 2, 3]) is not JSON serializable"
```

또한 유니코드 텍스트 표현 방법에 문제가 생길 수 있다. 그래서 json.dumps의 출력을 파이썬 인터프리터 세션에 복사하여 붙여 넣어도 원래 딕셔너리 객체를 재구성할 수 없는 경우가 있다.

파이썬에서 객체를 보기 좋게 출력하는 한 가지 고전적인 해법은 내장된 pprint 모듈이다. 다음은 그 예다.

```
>>> import pprint
>>> pprint.pprint(mapping)
{'a': 23, 'b': 42, 'c': 12648430, 'd': set([1, 2, 3])}
```

pprint는 집합과 같은 데이터 타입을 출력할 수 있고 딕셔너리 키를 재현 가능한 순서로 출력할 수 있다. 딕셔너리의 표준 문자열 표현과 비교할 때 사람이 보기 더 편하다.

그러나 json.dumps()와 비교해 보면 중첩된 구조를 시각적으로 나타내지 않는다는 문제가 있다. 상황에 따라 장점 또는 단점이 될 수 있다. 나는 때로 가독성과 형식이 개선되기 때문에 json.dumps를 사용하여 딕셔너리를 출력하지만 기본 데이터 타입 이외의 값이 없다고 확신할 때만 사용한다.

요점 정리

- 딕셔너리 객체의 기본 문자열 변환은 읽기 어려울 수 있다.
- pprint 및 json 모듈은 파이썬 표준 라이브러리에 내장된 '고급' 옵션이다.
- json.dumps()를 기본 데이터 타입이 아닌 키나 값과 함께 사용할 때는 Type Error가 발생하므로 주의해야 한다.

8장

파이썬다운 생산성 향상 기법

8.1 파이썬 모듈과 객체 탐색

파이썬 인터프리터에서 모듈과 객체를 직접 대화식으로 탐색할 수 있다. 이것은 과소평가된 기능으로 특히 다른 언어에서 파이썬으로 전향한 경우 간과하기 쉽다.

온라인 문서를 참고하거나 인터페이스 정의를 암기하지 않으면 패키지나 클래스를 살펴보기 어려운 프로그래밍 언어가 많다.

파이썬은 다르다. 유능한 개발자는 파이썬 인터프리터와 대화식으로 작업하는 REPL 세션에서 상당한 시간을 보낼 것이다. 예를 들어 나는 파이썬 인터프리터에서 짧은 코드와 작은 로직을 작성해 보고 나서 편집기에서 작업 중인 파이썬 파일에 복사해 붙여 넣는다.

이 장에서는 인터프리터에서 대화식으로 파이썬 클래스와 메서드를 살펴보는 데 사용할 수 있는 간단한 기술 두 가지를 배운다.

이 기술들은 파이썬만 설치되어 있으면 된다. 그저 커맨드 라인에서 python 명령으로 파이썬 인터프리터를 시작하고 실행하면 끝이다. 예를 들어 네트워크로 연결된 터미널 세션에서 작업하느라 멋진 편집기나 IDE를 사용할 수 없는 시스템에서 디버깅하는 데 유용하다.

준비됐으면 시작하자! 파이썬 표준 라이브러리의 datetime 모듈을 사용하는

프로그램을 작성한다고 가정해 보자. 이 모듈이 어떤 함수나 클래스를 내보내
는지 그리고 그 클래스에서 찾을 수 있는 메서드와 속성은 무엇인지 어떻게 알
수 있을까?

검색 엔진을 활용하거나 웹에서 파이썬 공식 문서를 검색하는 방법도 있다.
하지만 파이썬의 내장 dir() 함수를 사용하면 파이썬 REPL에서 이 정보에 직접
접근할 수 있다.

```
>>> import datetime
>>> dir(datetime)
['MAXYEAR', 'MINYEAR', '__builtins__', '__cached__',
'__doc__', '__file__', '__loader__', '__name__',
'__package__', '__spec__', '_divide_and_round',
'date', 'datetime', 'datetime_CAPI', 'time',
'timedelta', 'timezone', 'tzinfo']
```

앞의 예제를 보면 우선 표준 라이브러리에서 datetime 모듈을 가져온 다음
dir() 함수로 검사했다. dir()에 모듈 이름을 넣어 호출하면 그 모듈이 제공하
는 이름과 속성 들을 알파벳 순서로 담은 리스트를 반환한다.

파이썬에서 '모든 것'은 객체이기 때문에 모듈 자체뿐 아니라 모듈에서 내보
낸 클래스 및 데이터 구조에도 같은 기술을 쓸 수 있다.

실제로 관심 있는 개별 객체에 대해 dir()을 다시 호출하여 모듈을 분석해 볼
수 있다. 예를 들어 datetime.date 클래스를 검사하는 방법은 다음과 같다.

```
>>> dir(datetime.date)
['__add__', '__class__', ..., 'day', 'fromordinal',
'isocalendar', 'isoformat', 'isoweekday', 'max',
'min', 'month', 'replace', 'resolution', 'strftime',
'timetuple', 'today', 'toordinal', 'weekday', 'year']
```

보다시피 dir()은 모듈이나 클래스에서 사용할 수 있는 것들을 간략히 보여 준
다. 특정 클래스나 함수의 정확한 철자를 기억하지 못하면 dir을 이용해서 코
딩 흐름을 끊지 않고 계속 개발을 이어 갈 수 있다.

종종 복잡한 모듈이나 클래스에서는 dir()이 너무 많은 정보를 쏟아 내므로
신속하게 읽을 수 없다. 다음은 속성 리스트에서 흥미 있는 것을 추려 낼 수 있
는 간단한 기법이다.

```
>>> [_ for _ in dir(datetime) if 'date' in _.lower()]
['date', 'datetime', 'datetime_CAPI']
```

여기서는 리스트 내포식을 사용하여 'date'라는 낱말이 포함된 이름만 출력하도록 dir(datetime) 호출 결과를 필터링했다. 각 이름에 lower() 메서드를 호출하여 대소문자를 구별하지 않도록 한 점에 주목하자.

객체에서 속성 목록을 가져오는 것으로는 문제 해결에 충분한 정보가 되지 않을 때도 있다. 그렇다면 datetime 모듈에서 내보내는 함수 및 클래스에 대한 더 많은 정보와 세부 사항은 어떻게 얻을 수 있을까?

파이썬의 내장 help() 함수가 여러분을 구해 줄 것이다. 이 도구를 사용하면 파이썬의 대화식 도움말 시스템을 호출하여 파이썬 객체에 대한 자동 생성 문서를 검색할 수 있다.

```
>>> help(datetime)
```

파이썬 인터프리터 세션에서 앞의 예제를 실행하면 터미널은 datetime 모듈을 위한 텍스트 기반 도움말 화면을 표시한다.

```
Help on module datetime:

NAME
    datetime - Fast implementation of the datetime type.

CLASSES
    builtins.object
        date
            datetime
        time
```

위/아래 커서 키를 눌러 설명서를 스크롤할 수도 있다. 또는 스페이스 바를 눌러 한 번에 몇 줄 아래로 움직일 수도 있다. 이 대화형 도움말 모드를 종료하려면 q 키를 눌러야 한다. 그러면 인터프리터 프롬프트로 돌아간다. 좋은 기능이다.

그건 그렇고 다른 기본 제공 함수와 파이썬 클래스를 비롯한 임의의 파이썬 객체에서도 help()를 호출할 수 있다. 파이썬 인터프리터는 객체의 속성과 (사용 가능한 경우라면) 독스트링에서 이 문서를 자동으로 생성한다. 다음 예제는 모두 도움말의 올바른 사용법이다.

```
>>> help(datetime.date)
>>> help(datetime.date.fromtimestamp)
>>> help(dir)
```

물론 dir()과 help()가 HTML 형식 문서나 검색 엔진, 스택 오버플로(Stack Overflow) 검색을 대체하지는 않는다. 하지만 파이썬 인터프리터에서 벗어나지 않고도 필요한 정보를 빠르게 찾을 수 있는 훌륭한 도구다. 인터넷 연결 없이 오프라인에서도 사용할 수 있어 대단히 유용하다.

요점 정리

- 내장된 dir() 함수를 사용하여 인터프리터 세션에서 파이썬 모듈과 클래스를 대화식으로 탐색할 수 있다.
- help()가 내장되어 있어 인터프리터에서 바로 문서를 찾아볼 수 있다(q를 누르면 종료된다).

8.2 virtualenv로 프로젝트 의존성 격리하기

파이썬에는 프로그램의 모듈 의존성을 관리하는 강력한 패키징 시스템이 포함되어 있다. 여러분은 아마 pip 패키지 관리자 명령을 서드 파티 패키지를 설치하는 데 사용했을 것이다.

pip로 패키지를 설치할 때 한 가지 혼란스러운 점은 기본적으로 '전역' 파이썬 환경에 패키지를 설치하려고 한다는 것이다.

물론 그렇게 하면 설치한 새로운 패키지를 시스템에서 전역적으로 사용할 수 있어서 유용하다. 그러나 동일한 패키지의 서로 다른 버전을 필요로 하는 여러 프로젝트 작업에서는 악몽으로 변한다.

예를 들어 프로젝트 중 하나에는 1.3 버전의 라이브러리가 필요하고 다른 프로젝트에는 1.4 버전의 동일한 라이브러리가 필요한 경우 어떻게 해야 할까?

패키지를 전역으로 설치하면 모든 프로그램에서 단 한 버전의 패키지만 공유하게 된다. 이는 곧 버전 충돌로 이어지기 쉽다.

　　그리고 상황은 점점 더 나빠진다. 다른 버전의 파이썬이 필요한 다른 프로그램이 있을 수도 있다. 예를 들어 일부 프로그램은 여전히 파이썬 2에서 실행되지만 새로운 개발은 대부분 파이썬 3로 하는 것이다. 또는 프로젝트 중 하나는 파이썬 3.3이 필요한데 다른 모든 프로그램은 파이썬 3.6에서 실행되는 경우에는 어떻게 해야 할까?

　　게다가 파이썬 패키지를 전역으로 설치하면 보안 위험이 발생할 수 있다. 전역 환경을 수정하려면 pip install 명령을 슈퍼 사용자(root/admin) 권한으로 실행해야 한다. pip는 새 패키지를 설치할 때 인터넷에서 코드를 다운로드하고 실행하기 때문에 일반적으로 권장하지 않는다. 코드를 신뢰할 수 있기 바라지만 실제로 무슨 동작을 할지 누가 알까?

가상 환경으로 해결하기

이러한 문제를 해결하기 위해 파이썬 환경을 이른바 '가상 환경'으로 분리해야 한다. 가상 환경을 사용하면 프로젝트별로 파이썬 의존성을 분리할 수 있으며 여러 버전의 파이썬 인터프리터를 선택할 수 있다.

　　가상 환경은 격리된 파이썬 환경이다. 물리적으로 가상 환경은 네이티브 라이브러리와 인터프리터 세션 등 파이썬 프로젝트에 필요한 모든 패키지와 기타 의존성이 들어 있는 폴더 안에 자리한다(이러한 파일들은 실제 복사본이 아니라 심볼릭 링크일 수 있는데, 저장 공간을 절약하기 위함이다).

　　가상 환경이 어떻게 작동하는지 보여 주기 위해 새로운 환경(간단하게 *virtualenv*라고 부른다)을 설정하고 서드 파티 패키지를 설치하는 방법을 간단히 설명하겠다.

　　먼저 전역 파이썬 환경이 현재 어디에 있는지 확인해 보자. 리눅스나 맥OS에서는 which 커맨드 라인 도구를 사용하여 pip 패키지 관리자의 경로를 찾을 수 있다.

```
$ which pip3
/usr/local/bin/pip3
```

나는 보통 가상 환경을 잘 분리하고 유지하기 위해 프로젝트 폴더에 넣는다.

그러나 모든 프로젝트가 공유해야 하는 전용 파이썬 환경 디렉터리가 있을 수도 있다. 선택은 각자 하면 된다.

새로운 파이썬 가상 환경을 만들어 보자.

```
$ python3 -m venv ./venv
```

이 작업을 실행하면 잠시 후 현재 디렉터리에 새로운 venv 폴더를 만들고 기본 파이썬 3 환경을 채운다.

```
$ ls venv/
bin         include     lib         pyvenv.cfg
```

which 명령을 사용하여 pip 실제 버전을 확인하면 전역 환경을 가리키는 것을 볼 수 있다. 내 경우에는 /usr/local/bin/pip3이다.

```
(venv) $ which pip3
/usr/local/bin/pip3
```

이는 패키지를 지금 설치하면 여전히 전역 파이썬 환경에 있게 된다는 것을 의미한다. 가상 환경 폴더를 만드는 것만으로는 충분하지 않다. 새로운 가상 환경을 명시적으로 활성화해야 나중에 pip 명령이 그것을 참조하게 된다.

```
$ source ./venv/bin/activate
(venv) $
```

activate 명령을 실행하면 현재 셸 세션이 가상 환경에서 파이썬 및 pip 명령을 사용하도록 구성된다.[1]

또한 셸 프롬프트는 활성화된 가상 환경의 이름(venv)으로 시작하도록 바뀐다. 이제 실행 가능한 pip가 무엇인지 확인해 보자.

```
(venv) $ which pip3
/Users/dan/my-project/venv/bin/pip3
```

보다시피 이제부터 pip3 명령을 실행하면 전역 환경이 아닌 가상 환경 버전이

---

1 윈도우에서는 source로 로드하는 대신 activate 명령을 직접 실행해야 한다.

실행된다. 파이썬 인터프리터 실행 파일도 마찬가지다. 커맨드 라인에서 파이썬을 실행하면 venv 폴더에서 실행된다.

```
(venv) $ which python
/Users/dan/my-project/venv/bin/python
```

이것은 백지 상태이고 완전히 깨끗한 파이썬 환경이다. pip list를 실행하면 pip 자체를 지원하는 데 필요한 기본 모듈만 포함되어 있음을 확인할 수 있다.

```
(venv) $ pip list
pip (9.0.1)
setuptools (28.8.0)
```

이제 가상 환경에서 파이썬 패키지를 설치해 보자. 익숙한 pip install 명령을 사용하자.

```
(venv) $ pip install schedule
Collecting schedule
  Downloading schedule-0.4.2-py2.py3-none-any.whl
Installing collected packages: schedule
Successfully installed schedule-0.4.2
```

여기서 중요한 두 가지 변경 사항을 알 수 있다. 먼저 관리자 권한이 없어도 이 명령을 실행할 수 있다. 둘째, 현재 가상 환경에서 패키지를 설치하거나 업데이트하면 모든 파일이 가상 환경 디렉터리의 하위 폴더에 저장된다.

따라서 프로젝트 의존성은 시스템의 다른 모든 파이썬 환경과 물리적으로 분리된다. 전역 환경도 예외가 아니다. 실제로 단 하나의 프로젝트만을 위한 파이썬 실행 환경의 복사본을 얻은 것이다.

pip list를 다시 실행하면 schedule 라이브러리가 새 환경에 성공적으로 설치됐음을 알 수 있다.

```
(venv) $ pip list
pip (9.0.1)
schedule (0.4.2)
setuptools (28.8.0)
```

현재 셸 세션에서 가상 환경이 활성화되어 있다면 python 명령으로 파이썬 인터프리터 세션을 시작하거나 독립적인 .py 파일을 실행할 때 해당 가상 환경에 설치된 파이썬 인터프리터와 의존성을 사용하게 된다.

그렇다면 가상 환경을 다시 비활성화하거나 '떠나는' 방법은 무엇일까? activate 명령과 마찬가지로 전역 환경으로 되돌아가는 deactivate 명령이 있다.

```
(venv) $ deactivate
$ which pip3
/usr/local/bin
```

가상 환경을 사용하면 시스템을 난잡하지 않게 유지하고 파이썬 의존성을 깔끔하게 정리할 수 있다. 모든 파이썬 프로젝트는 의존성을 별도로 유지하고 버전 충돌을 피하기 위해 가상 환경을 사용하는 것이 최선의 실천이다.

가상 환경을 이해하고 익숙해지다 보면 requirements.txt 파일로 프로젝트 의존성을 명시하는 것과 같은 고급 의존성 관리 방법을 사용해 볼 수도 있을 것이다.

추가적인 생산성 향상을 위해 이 주제를 자세히 알고 싶다면 dbader.org 에 있는 'Managing Python Dependencies'(https://dbader.org/products/managing-python-dependencies/) 과정을 공부하자.

요점 정리

- 가상 환경은 프로젝트 의존성을 분리해 준다. 여러 버전의 패키지와 파이썬 런타임 사이에서의 버전 충돌을 막아 준다.
- 모든 파이썬 프로젝트는 가상 환경을 사용하여 각자의 의존성을 저장하는 것이 모범 사례다. 이렇게 하면 두통을 피할 수 있다.

8.3 바이트코드 내부 엿보기

CPython 인터프리터는 프로그램을 실행할 때 먼저 프로그램을 바이트코드 (bytecode) 명령어 시퀀스로 변환한다. 바이트코드는 파이썬 가상 시스템이 사용하는 중간 언어로, 성능 최적화를 위해 사용된다.

사람이 읽을 수 있는 소스 코드를 직접 실행하는 대신 컴파일러 구문 및 의미 분석 결과를 나타내는 간단한 숫자 코드, 상수, 참조가 사용된다.

이렇게 하면 프로그램이나 프로그램 일부를 반복적으로 실행하는 데 드는 시간과 메모리를 절약할 수 있다. 예를 들어 컴파일 단계에서 생성된 바이트코드는 .pyc 및 .pyo 파일로 디스크에 캐시되므로 두 번째부터는 같은 파이썬 파일을 더 빠르게 실행할 수 있다.

이 모든 것은 프로그래머에게 완전히 투명하다. 중간 번역 단계나 파이썬 가상 머신이 바이트코드를 처리하는 방법을 알 필요는 없다. 사실 바이트코드 형식은 구현 세부 사항으로 간주되며 파이썬 버전 간 호환성을 보장하지 않는다.

그런데 CPython 인터프리터가 제공하는 추상화 뒤에서 실제 코드가 어떻게 만들어지는지 살펴보는 것도 때론 도움이 된다는 사실을 알았다. 내부 동작 중 적어도 일부를 이해하면 성능을 쥐어짜야 하는 중요한 코드를 작성하는 데 도움이 된다. 그리고 그 과정은 무척 재미있다.

파이썬의 바이트코드를 이해하기 위해 가지고 놀 수 있는 실험용 샘플로 간단한 greet() 함수를 살펴보자.

```
def greet(name):
    return 'Hello, ' + name + '!'
>>> greet('Guido')
'Hello, Guido!'
```

CPython이 소스 코드를 '실행'하기 전에 먼저 중간 언어로 변환한다고 말한 것을 기억하자. 글쎄, 그것이 사실이라면 이 컴파일 단계의 결과를 볼 수 있어야 한다. 물론 볼 수 있다.

각 함수는 __code__ 속성을 가지고 있다(파이썬 3). 이 속성을 통해 greet() 함수에서 사용하는 가상 머신 명령어, 상수, 변수를 가져올 수 있다.

```
>>> greet.__code__.co_code
b'd\x01|\x00\x17\x00d\x02\x17\x00S\x00'
>>> greet.__code__.co_consts
(None, 'Hello, ', '!')
>>> greet.__code__.co_varnames
('name',)
```

co_consts에는 이 함수가 인사말을 조합할 때 사용하는 문자열들이 포함되어 있음을 볼 수 있다. 상수와 코드는 메모리 공간을 절약하기 위해 별도로 유지된다. 상수는 상수이기 때문에 결코 수정할 수 없으며 여러 위치에서 공유할 수 있다.

따라서 일련의 co_code 명령어에서 실제 상숫값을 반복하는 대신 파이썬은 상수를 조회 테이블에 별도로 저장한다. 각각의 명령어는 인덱스를 사용해 조회 테이블에 있는 상수를 참조할 수 있다. co_varnames 필드에 저장된 변수도 마찬가지다.

이 일반적인 개념이 조금 더 명확하게 이해됐기를 바란다. 하지만 일련의 co_code 명령어를 보면 여전히 조금 석연치 않다. 이 중간 언어는 사람이 아닌 파이썬 가상 머신에서 사용하기 쉽도록 만들어졌다. 역시 사람을 위해서는 텍스트 기반 소스 코드가 필요하다.

CPython 개발자들도 이를 깨달았다. 그래서 바이트코드를 더 쉽게 검사할 수 있도록 '디스어셈블러(disassembler)'라는 도구를 만들었다.

파이썬의 바이트코드 디스어셈블러는 표준 라이브러리의 일부인 dis 모듈에 있다. 이 모듈을 불러와서 greet() 함수에서 dis.dis()를 호출하면 바이트코드 표현을 약간 더 쉽게 읽을 수 있다.

```
>>> import dis
>>> dis.dis(greet)
  2           0 LOAD_CONST              1 ('Hello, ')
              2 LOAD_FAST               0 (name)
              4 BINARY_ADD
              6 LOAD_CONST              2 ('!')
              8 BINARY_ADD
             10 RETURN_VALUE
```

디스어셈블링이 주로 하는 일은 일련의 명령어를 분리하여 각 연산 코드에 LOAD_CONST와 같이 사람이 읽을 수 있는 이름을 지정하는 것이다.

또한 바이트코드가 사용하는 상수와 변수 참조가 해당 바이트코드 옆에 출력된 모습을 볼 수 있다. 그 덕분에 co_const 또는 co_varnames 테이블을 직접 찾아보는 정신노동을 할 필요가 없다. 굉장하다!

인간이 읽을 수 있는 연산 코드를 살펴보면 CPython이 원래 greet() 함수의 표현식인 'Hello, ' + name + '!'을 어떻게 표현하고 실행하는지 이해할 수 있다.

먼저 인덱스 1 ('Hello, ')에서 상수를 검색하여 스택에 저장한다. 그런 다음 name 변수의 내용을 로드하고 스택에 넣는다.

'스택'은 가상 머신의 내부 작업 저장소로 사용되는 데이터 구조다. 가상 머신에는 여러 가지 종류가 있으며 그중 하나가 '스택 머신'이다. CPython의 가상 머신은 이러한 스택 머신을 구현한 것이다. 앞 코드의 모든 명령어 앞에 '스택'을 붙여 보면 이 데이터 구조의 중심 역할이 무엇인지 예상할 수 있다.

그건 그렇고 나는 단지 여기서 맛보기만 보여 줄 뿐이다. 이 주제에 관심이 있다면 이 장의 마지막 부분에 나오는 책을 추천한다. 가상 머신 이론을 읽어 보면 깨닫는 것도 있고 아주 재미있기까지 하다.

추상적인 데이터 구조로서 스택이 흥미로운 점은 근본적으로 두 가지 작업만 지원한다는 것이다. 바로 푸시(push)와 팝(pop)이다. 푸시는 스택의 맨 위에 값을 추가하고 팝은 최상위 값을 제거하고 반환한다. 배열과 달리 최상위보다 '아래'에 있는 항목에는 접근할 수 없다.

나는 이처럼 간단한 데이터 구조가 많은 용도로 사용된다는 점에 매력을 느꼈고 다시 그 매력에 빠져들고 있다.

스택이 비어 있다고 가정해 보자. 처음 두 연산 코드가 실행된 후 가상 머신 스택의 내용은 다음과 같아진다(0이 최상위 항목이다).

```
0: 'Guido' (contents of "name")
1: 'Hello, '
```

BINARY_ADD 명령은 두 문자열 값을 스택에서 팝하고 연결한 다음 결과를 스택에 다시 푸시한다.

```
0: 'Hello, Guido'
```

그런 다음 또 다른 LOAD_CONST가 스택에 느낌표 문자열을 가져온다.

```
0: '!'
1: 'Hello, Guido'
```

다음 BINARY_ADD 연산 코드는 두 가지를 다시 연결하여 최종 인사말 문자열을 생성한다.

```
0: 'Hello, Guido!'
```

마지막 바이트코드 명령어는 RETURN_VALUE이며 현재 스택 맨 위에 있는 것이 이 함수의 반환값이므로 호출자에게 전달될 수 있도록 가상 머신에 알린다.

지금까지 greet() 함수가 CPython 가상 머신에 의해 내부적으로 실행되는 방식을 추적했다. 멋지지 않은가?

가상 머신에 관한 이야기는 아직 많이 남았지만, 아쉽게도 이 책은 가상 머신에 관한 책이 아니다. 그러나 이번 절이 흥미로웠다면 이 매혹적인 주제에 관한 글을 많이 읽어 보길 권한다.

여러분만의 바이트코드 언어를 정의하고 그것으로 가상 머신 실험을 해 보면 재미있을 것이다. 이 주제에 대한 책으로 빌헬름(Wilhelm)과 사이들(Seidl)이 쓴 『Compiler Design: Virtual Machines』를 추천한다.

요점 정리

- CPython은 먼저 프로그램을 중간 바이트코드로 변환한 다음 스택 기반 가상 머신에서 바이트코드를 실행한다.
- 내장 dis 모듈을 사용하여 내부를 들여다보고 바이트코드를 검사할 수 있다.
- 가상 머신을 연구하라. 그만한 가치가 있다.

9장

P y t h o n   T r i c k s

마치며

축하한다. 끝까지 모두 마쳤다. 대부분의 사람들은 책을 사서 결코 열지 못하거나 첫 번째 장을 넘어가지도 못하니 스스로를 다독여 주기 바란다.

책을 읽었으므로 실제 코딩을 시작해야 한다. 읽기와 직접 해 보는 것 사이에는 큰 차이가 있다. 이 책에서 배운 새로운 기술과 트릭을 쓰자. 이 책을 여러분이 읽고 버린 또 다른 그저 그런 프로그래밍 책이 되지 않도록 하자.

지금부터 자신의 코드에 파이썬의 고급 기능들을 일부 섞어 쓰면 어떨까? 멋지고 깨끗한 제너레이터 표현식, 거기에 우아한 with 문 등을 사용해 보자.

제대로 사용만 한다면 시간을 많이 들이지 않고도 올바른 방법으로 친구들의 관심을 끌게 될 것이다. 연습을 하면 이러한 고급 파이썬 기능을 세련되게 적용하고 이해할 수 있는 곳에서만 사용하고 코드를 좀 더 표현력 있게 만들 수 있다.

내 말을 믿어라. 여러분의 동료는 곧 그러한 코드에 주목할 것이다. 그들이 질문을 하면 관대하게 도움을 주라. 주위에 있는 모든 사람을 끌어들여 자신이 알고 있는 것을 가르치라. 아마도 몇 주 후에 동료들에게 '깨끗한 파이썬 코드 작성'에 대해 발표를 할지도 모른다. 책에 있는 예제를 자유롭게 사용해도 좋다.

파이썬 개발자로서 훌륭한 일을 하는 것과 훌륭한 일을 하는 모습을 드러내는, 즉 공유하는 것 사이에는 차이가 있다. 머리를 쓰는 것을 두려워하지 말라.

자신의 기술과 새로운 지식을 공유하면 경력에 큰 도움이 된다.

나는 내 자신의 경력과 프로젝트에서 같은 사고방식을 따른다. 그래서 이 책과 다른 파이썬 교육 자료를 향상시킬 수 있는 방법을 항상 찾고 있다. 오류에 대해 알려 주거나 질문이 있거나 건설적인 의견을 제시하려면 mail@dbader. org로 이메일을 보내길 바란다.

즐거운 파이썬 개발을 하기를!

추신: 내 웹 사이트 dbader.org와 유튜브 채널('Python Training by Dan Bader')에 방문해서 파이썬 여정을 계속하기 바란다.

9.1 파이썬 개발자를 위한 무료 주간 팁

생산성을 향상시키고 업무 흐름을 간소화하기 위한 주간(weekly) 파이썬 개발 팁을 찾고 있는가? 좋은 소식이 있다. 나는 여러분과 같은 파이썬 개발자를 위해 무료 이메일 뉴스레터를 운영하고 있다.

내가 보내는 뉴스레터 이메일은 전형적인 '많이 본 뉴스 목록' 형식은 아니다. 그 대신 나는 매주 적어도 한 가지 독창적인 생각을 짧은 에세이 형식으로 공유하려고 한다.

어떤 내용인지 알고 싶다면 dbader.org/newsletter로 가서 등록 양식에 이메일 주소를 입력하자. 여러분과의 만남을 기대한다!

찾아보기